Beverley Nichols

Lieblingsblumen

40 Porträts

Aus dem Englischen
von Brigitte Walitzek

Schöffling & Co.

In Liebe für
Pat und Fred Whitsey,
ihre Blumen und ihre Katzen.

Erste Auflage 2013
© der deutschen Ausgabe
Schöffling & Co. Verlagsbuchhandlung GmbH,
Frankfurt am Main 2013
Originaltitel: *Forty Favourite Flowers*
First published 1964 by Studio Vista Limited
© Beverley Nichols 1964
Alle Rechte vorbehalten
Einbandfoto: Physalis alkekengi
Foto: Marion Nickig
Satz: Fotosatz Amann, Aichstetten
Druck & Bindung: CPI Moravia
ISBN 978-3-89561-599-3

www.schoeffling.de

Lieblingsblumen

Aquilegia

Akelei
oder
Karneval der Blumen

Wenn Sie mit Walter Pater übereinstimmen, dass alle Formen der Kunst den Zustand der Musik – nämlich die Einheit von Gegenstand und Form – anstreben und alle Formen der Schönheit ein musikalisches Äquivalent besitzen, müssen Sie auch der Meinung sein, dass Blumen, Bäume und alles, was da wächst, grünt und blüht, in Musik umgesetzt werden kann, auch wenn diese Musik ungeschrieben bleibt und nur als Echo in unseren Köpfen existiert.

Ein Birkenhain zu Frühlingsbeginn beschwört den mächtigen Geist von Bach herauf und vermittelt uns das Gefühl, in einer natürlichen Kathedrale zu stehen. Die nackten Zweige über uns verflechten und verweben sich zu einem Kontrapunkt von unvergleichlicher Zartheit und Biegsamkeit. Durch sie hindurch leuchtet das reine, klare Licht des Himmels, so wie es in Bachs Partituren aus jeder Note hervorleuchtet.

Blumen und Komponisten – ein unterhaltsames Gesprächsthema, das für Abwechslung in einer geselligen Runde sorgen könnte. Chopin eine Narzisse im Regen? Debussy eine Jungfer im Grünen? Rachmaninow – eine Art Kletterpflanze, verkrümmt und verkrüppelt wie eine vom Blitz getroffene Glyzine, die dennoch unglaubliche Blütenkadenzen hervorbringt. Beethoven? Hier werden wir uns wohl für die so offensichtliche mächtige Eiche entscheiden müssen, auch wenn es manchmal eine verdorrte Eiche ist. Mozart schuf ein derartiges Melodienparadies, dass wir ihm eine ganze Frühlingswiese hoch oben in den Bergen zugestehen müssen. Und was ist mit den britischen Komponisten, von Elgar und Britten einmal abgesehen? Hier hülle ich mich lieber in Schweigen, um niemandem zu nahe zu treten, denn mir ist bewusst, dass es viele Menschen gibt, die eine Schwäche für Stockrosen haben.

Die Akelei vergebe ich an Schumann, und zwar aus zwei Gründen, einem offensichtlichen und einem nicht ganz so offensichtlichen.

Der offensichtliche Grund ist, dass sie bei uns in England »Columbine« genannt wird, und die

Colombine tanzt im Hintergrund durch die ganze Sequenz des *Carnaval*, der der echteste und typischste Schumann ist, den es gibt. Er ist ein Abbild seiner Persönlichkeit.

Der weniger offensichtliche Grund ist, dass ... nun, eigentlich handelt es sich hier nur um eine persönliche »Vorliebe«. Schumann besaß nicht die Eleganz von Chopin, ebensowenig wie die Akelei die Eleganz der Narzisse besitzt. Dennoch tanzt sie, wie seine Musik tanzte. Schumann besaß auch nicht den glühenden Überschwang von Brahms ... aber allmählich wird es langweilig, und wir sollen schließlich ein Buch über das Gärtnern schreiben.

Erlauben Sie mir also, Sie darauf hinzuweisen, dass diese seltsamerweise in Vergessenheit geratene Blume endlich aus langem Schlaf erwacht ist und Sie bald mit einer ganzen Palette neuer Farben und verschönerter Formen entzücken wird. Besuchen Sie im Juni die Gärten der Royal Horticultural Society in Wisley, und Sie werden viele aufregende Experimente zu sehen bekommen. Im nächsten Jahr oder vielleicht in dem darauf werden die Ergebnisse dieser Experimente in den Katalogen der Versandgärtnereien zu finden sein.

Campanula persicifolia

Pfirsichblättrige Glockenblume
oder
Retter in der Not

Vielleicht sollte ich den etwas merkwürdigen Untertitel damit erklären, dass diese überaus empfehlenswerte Pflanze genau in den beiden Wochen des Jahres, in denen der Garten von Rechts wegen in voller Blüte stehen müsste, es aber aus irgendeinem Grund nicht tut, unversehens als unser Retter in der Not auftaucht. Die Tulpen sind hinüber, die Rosen stecken noch ganz in den Anfängen, die Blütenblätter der *Clematis montana* häufen sich in verblassenden Schwaden vor der Mauer und in ein paar wenigen Tagen werden die Pfingstrosen nur noch eine Erinnerung sein. Man kommt sich vor wie auf einer dieser schlecht organisierten Partys, wo die einen gerade erst eintrudeln, während die anderen schon anfangen, sich zu verabschieden.

Genau in diesem Augenblick treten die Glockenblumen auf den Plan. Lassen Sie uns bei unserem Bild bleiben. Selbst wenn der Ballsaal so gut wie leer ist, besteht keinerlei Gefahr, dass die Party langweilig wird, solange Gäste wie diese anwesend sind – erlesen gekleidet, voller Grazie und Anmut und offensichtlich wild entschlossen, sich zu amüsieren. Deshalb pflanze ich immer mehrere große Gruppen von ihnen, und zwar *en masse*, an diverse strategisch wichtige Stellen des Gartens, die eine Aufmunterung nötig haben.

In einem anderen Teil dieses Büchleins spreche ich von der »therapeutischen« Wirkung der Stiefmütterchen. Die Glockenblumen besitzen diese Wirkung ebenfalls, sofern Sie tun, was ich tue, und jede einzelne welke Blüte abschneiden, damit die Knospen für Nachschub sorgen können. Manch einer mag das als Herkulesarbeit betrachten, andere jedoch sehen darin vielleicht, so wie ich, eine intelligente Methode, seine Zeit zu vertrödeln. Man spaziert mit einer Schere in den Garten, begibt sich mitten unter die Blumen – sie wachsen so hoch, dass man sich kaum einmal bücken muss – und fängt an, vor sich hin zu schnipseln. Und bald hat man alle weltlichen Sorgen vergessen und gleitet selig vor Wonne durch einen blassblauen Himmel.

Sollte das Zeitalter der Muße, in dem wir von allen unangenehmen Betätigungen befreit sind, tatsächlich demnächst für uns heraufdämmern – eine Aussicht, die mit einer gewissen Bangigkeit betrachtet werden muss –, können wir nur hoffen, dass die Organisatoren den Verdiensten der Glockenblumen mehr als nur einen flüchtigen Gedanken widmen werden.

Caryopteris clandonensis 'Ferndown'

Bartblume 'Ferndown'
oder
Blauer als Blau

Paradoxerweise ist Blau eine Farbe, bei der viele Menschen rot sehen, womit ich die ständigen erbitterten Auseinandersetzungen darüber meine, welche Blume am blauesten ist. Waschmittelherstellern bereitet dieses superlativische Problem keine schlaflosen Nächte. Sie haben nicht den geringsten Zweifel daran, dass ihr jeweiliges Produkt am allerweißesten wäscht, und manchmal begeistern sie sich derart für ihr spezielles Weiß, dass man Angst bekommt, sie könnten sich selbst aus dem Bildschirm herausweißen. Was eigentlich gar keine so schlechte Idee wäre.

Wenn wir davon ausgehen, dass jede Farbe eine spirituelle Konnotation besitzt, ist das wohl unschuldigste Blau, das wir kennen, das Blau eines alten Kirchenfensters, durch das die Sonne hindurchfällt. Allerdings scheint die Kunst, diese

Farbe zu reproduzieren, in unserer modernen Zeit verloren gegangen zu sein; selbst in der Kathedrale von Coventry mit ihrem Kaleidoskop aus Buntglas sucht man vergebens danach. Bei den Blumen würden wir vielleicht erwarten, dieses Blau beim Rittersporn zu finden, aber selbst in dieser Familie scheint kein einziges Mitglied jene spezielle Aura der Unschuld zu besitzen; jede einzelne Schattierung von Ritterspornblau enthält immer auch einen Hauch von Raffinesse. Die verschiedenen Bleiwurzarten bringen uns der Sache etwas näher, allerdings sind sie vielleicht einen Tick zu dunkel, ähnlich wie einige der Hintergründe der Madonnen von Botticelli. Ziemlich dicht kommen wir unserem Ideal mit dem Enzian und der Steinsame, immer vorausgesetzt, die Sonne scheint.

Das Blau der Bartblume dagegen leuchtet bei jedem Wetter, was ein Glück ist, da sie erst so spät blüht, dass sie den Stürmen und frühen Frösten des Oktobers trotzen muss, einem der vertracktesten Monate des Jahres. Während ich das hier schreibe, zeigt der Kalender den 20. Oktober, und obwohl die letzten Tage kalt und windig waren, blühen die Bartblumen ganz hinten auf der anderen Seite des Rasens derart überschwenglich, dass man sie vom Fenster des Arbeitszimmers aus deutlich sehen kann. Das ist übrigens eine der bezauberndsten Eigenschaften dieser Pflanze: Ihr Blau scheint die Fähigkeit zu besitzen, selbst große Entfernungen zu überbrücken, ganz so, als sei sie eine Art blumiger Heilsbringer, der der ganzen Welt seine frohe Botschaft verkünden will.

Catananche caerulea major

Blaue Rasselblume
oder
Nur fast unsterblich

Irgendwann einmal habe ich geschrieben, der größte Nachteil langlebiger Blumen wie der Strohblumen oder Immortellen sei ihre Langlebigkeit, womit ich sagen wollte, dass gerade die Tatsache, dass sie quasi ewig halten, sie von den anderen Blumen im Garten absondert und ihnen den Anflug von Spiritualität raubt, der allen Dingen innewohnt, die welken, vergehen, sterben. Selbst im Hochsommer, wenn ihre wie lackiert glänzenden Blüten sich der Sonne öffnen, hat man das eigenartige Gefühl, zu sehen, wie sich der Staub auf ihnen sammelt. Es ist, als wüssten sie, dass irgendjemand sie abschneiden und ins Haus tragen wird, um sie Weihnachten hervorzuholen und von ihnen zu erwarten, dass sie einen Starauftritt hinlegen, obwohl ihre Stengel völlig verdorrt und ihre Säfte längst ausgetrocknet sind, ähnlich wie bei einer müden alten Schauspielerin, die auf eine Bühne zurückkehrt, die sie längst vergessen hat.

Die zarten, kornblumenartigen Knospen und Blüten der Rasselblume in ihren silbrigen Haarkelchen, die einen an die fransigen Papiermanschetten rund um ein Miniatursträußchen erinnern, sind nicht von dieser unguten Aura umgeben. Sicher, auch sie halten fast ewig, aber eben nur fast. Denn sie haben die Angewohnheit, sich im entscheidenden Augenblick grau zu verfärben und in sich zusammenzuschrumpfen. Aus diesem Grund können wir erfreut feststellen, dass sie nicht allzu oft von Menschen verwendet werden, die der, meiner Meinung nach, ziemlich grauenhaften Angewohnheit anhängen, Körbe und Schalen mit Trockenblumen zu füllen, auf dass der Staub sich auf ihnen sammeln kann. Und so können wir die Rasselblumen schlicht und einfach als Blumen betrachten.

Sehr schlicht und sehr einfach sind sie noch dazu, mit ihrer sanften, fast durchscheinenden Färbung und ihren robusten Wuchsgewohnheiten. Und da sie so lange halten, sind sie für einen bunten Strauß geradezu unverzichtbar. Dort können wir sie als eine Art semi-permanenten blauen

Hintergrund arrangieren, vor dem wir mit ver-
gänglicheren anderen blauen Blumen viele hübsche Variationen zaubern können – mit schlich-
ten, unkomplizierten Blumen wie dem blauen
Flachs, der blauen Skabiose oder Witwenblume,
mit Kornblumen, Katzenminze und dergleichen.
Kurz gesagt mit Blumen, die genau wie auch die
Rasselblume die Frische einer wilden Wiese mit
sich bringen.

Clematis tangutica

Goldwaldrebe
oder
Von Silberfäden durchwirktes Gold

Wenn ich mich – grauenhafter Gedanke – bei den Rank- und Kletterpflanzen auf eine einzige Familie beschränken müsste, würde ich mich wohl für die Clematis entscheiden. Und müsste ich mich mit einem einzigen Mitglied dieser Familie begnügen, würde ich wahrscheinlich eine *tangutica* wählen.

Ich sage »wahrscheinlich«, weil diese hypothetischen Entscheidungen einfach schrecklich sind. Und weil im Augenblick, in dem ich das hier schreibe – am 10. August –, die Mauer vor dem Arbeitszimmer mit den riesigen violetten Sternen der ›William Kennett‹ übersät ist, nicht weniger als vierzehn gleich im ersten Jahr, in dem sie gepflanzt wurde. Und weil sich ein Stück weiter eine ›Nelly Moser‹ anschickt, die Darbietung zu wiederholen, mit der sie uns bereits im Mai drei

Wochen lang begeisterte. Wenn Blumen Primadonnen nacheifern und auf Bühnen zurückkehren, von denen man dachte, sie hätten sie für immer verlassen, ist das Ergebnis ausnahmslos eine wahre Freude.

Aber die *tangutica* mit ihren ungewöhnlich geformten glockenartigen Blüten hält mein Herz immer noch mit ihren besonderen Ranken umfangen, obwohl die Blüten nur noch eine Erinnerung und obwohl mehrere Wochen vergangen sind, seit ihre goldenen Glocken zum letzten Mal erklangen. Vielleicht liegt es daran, dass sie mit zunehmendem Alter sogar noch liebreizender wird als in ihrer Jugend, so wie manche Frauen den Höhepunkt ihrer Schönheit erst erreichen, wenn ihre Haare bereits grau werden. Dieses Jahr hat sie ungewöhnlich viele Samen ausgebildet, so dass die ganze Pflanze vom Glitzern der fiedrigen Samenstände, die so schön sind wie jede Blüte, wie versilbert wirkt. Und dieses Glitzern wird sie behalten, bis Weihnachten fast vor der Tür steht.

Ein praktischer Hinweis für den Umgang mit der Clematis. Fast alle Experten werden Ihnen sagen, dass ihre Wurzeln unbedingt im Schatten gehalten werden müssen. Meine stehen mit den Wurzeln in der prallen Sonne und wuchern bis aufs Dach hinauf. Die Experten sagen auch, dass viele von ihnen jedes Jahr drastisch zurückgeschnitten werden müssen. Ich bin einer Clematis noch nie auch nur mit einer Nagelschere zu Leibe gerückt, und ausnahmslos alle haben immer glanzvolle Auftritte hingelegt. So viel zu den Experten.

Cobaea scandens

Glockenrebe
oder
Schnell wie der Wind

Einer der vielen Gründe, wieso Gärten in der heutigen Zeit für uns immer mehr an Wert gewinnen, ist der, dass sie uns eine Fluchtmöglichkeit vor der Tyrannei der Geschwindigkeit bieten. Unsere Himmel sind kreuz und quer von den Kondensstreifen der Flugzeuge durchzogen, unsere Straßen haben sich in Rennstrecken verwandelt und in den Städten hetzen die Menschenmassen von hier nach da, als sei der Teufel hinter ihnen her. Aber sobald wir das Gartentor öffnen, scheint die Zeit mehr oder weniger stillzustehen, verlangsamt sich zum gemächlichen Ticken der Weltenuhr.

Wenn man so empfindet, mag es vielleicht seltsam scheinen, eine Pflanze ausgerechnet dafür zu rühmen, dass sie in Sachen Wachstum den Geschwindigkeitsrekord hält, was man, wie ich meine, von der Glockenrebe behaupten kann. In einem Wettrennen der Blumen wäre sie selbst gegen die hochtourigste Winde mein Favorit, allein schon, weil die Winde lange vor Erreichen des Ziels das Handtuch werfen würde. Der Glockenrebe dagegen kann man beim Wachsen praktisch *zusehen*. Samen, die im Frühjahr in einem unbeheizten Gewächshaus ausgesät werden, entwickeln sich zu Pflanzen, die, bevor der Sommer vorbei ist, bis zum Dach hochgeklettert sind. Sie werden hellauf begeistert sein, wenn die eigenartig gefärbten grün-lila Blüten, die der Marien-Glockenblume ähneln, anfangen, durch ihr Schlafzimmerfenster zu linsen.

Die *Cobaea scandens* ist nicht nur schnell, sondern auch extrem anspruchslos: Sie braucht kein Spalier und keinen Nagel, weil ihre Fühler selbst winzigste Ritzen und Risse aufspüren. Niemand würde behaupten, dass sie die schönste Kletterpflanze im Garten ist, aber ich finde, ihre Schnelligkeit verleiht ihr das Anrecht auf einen Platz unter unseren Lieblingen. Schließlich kommt es selbst in einem gut durchgeplanten Garten immer wieder einmal vor, dass man plötzlich vor einem leeren Fleck steht, für den man keine Vorkehrungen getroffen hat oder eine unansehnliche

Regenrinne geradezu danach schreit, versteckt zu werden. In derartigen Notfällen ist die Glockenrebe genau die Pflanze, die Sie nicht enttäuschen wird.

Daphne mezereum

Seidelbast
oder
Sieben Jahre Gnadenfrist

Manchmal habe ich das Gefühl, einen leisen Hauch von Traurigkeit im Duft der rosafarbenen, porzellanartigen Blüten der *Daphne mezereum* wahrzunehmen, denn ihr Leben scheint auf die vergleichsweise kurze Spanne von sieben Jahren beschränkt zu sein. Die meisten Gärtnereien vergessen, diese Tatsache zu erwähnen, und meines Wissens hat auch noch keiner der Experten je ein Wort darüber verlauten lassen. Aber ich habe im Lauf der Zeit schon viele Daphnes unter den unterschiedlichsten Bedingungen im Garten gehabt und ihre Laufbahn in zahlreichen Cottage-Gärten beobachtet, wo sie sich, genau wie die Madonnenlilien, besonders glücklich zu fühlen scheinen. Und nach Ablauf von sieben Jahren gaben sie alle unweigerlich einen tiefen Seufzer von sich, erbleichten und schieden dahin.

Das ist jedoch nicht ganz so tragisch, wie es klingt. Denn in den Jahren, in denen die Pflanze uns entzückt hat, hat sie rund um sich herum eine ganze Reihe von Sämlingen heranwachsen lassen. Wenn Sie klug sind, haben Sie diese brav eingetopft, so dass Sie sich auf eine ununterbrochene Reihe von Nachkömmlingen der Mutterpflanze verlassen können.

Unter allen Düften, die es in den eisigen Monaten gibt, ist der des Seidelbasts – er fängt im Februar an zu blühen, in einem milden Winter sogar noch früher – unzweifelhaft der schönste. Vielleicht ist er nicht ganz so intensiv wie der der Winterblüte – *Chimonanthus fragrans* –, der ein ganzes Zimmer erfüllt, wenn man sich einen Zweig ins Haus holt, und er besitzt auch nicht die eigenartige Exotik der Azara aus der Familie der Weidengewächse mit ihrem Vanilleduft. Aber abgesehen davon, dass diese beiden Pflanzen, seien wir ehrlich, nicht gerade eine Augenweide sind, brauchen sie entweder Wärme oder Sonnenlicht, bevor sie ihren Wohlgeruch verströmen. Während die unglaublich hübsche kleine Daphne selbst am kältesten Morgen unter dem schwärzesten Himmel draußen im Freien duftet. Zu einigen meiner glücklichsten Erinnerungen zählt, wie ich mich bücke, meine Nase in die Blüten stecke und kaum fassen kann, dass sich dieser Sommerhauch im eisigen Herzen des Winters entfaltet.

Dianthus 'Rainbow Loveliness'

Weiße Regenbogen-Nelke
oder
Eisblume

Bei dieser Nelke könnte man meinen, sie sei von Väterchen Frost auf eine Fensterscheibe gezeichnet worden. Die Blütenblätter sind unvergleichlich zart eingekerbt, und die ganze Blüte wirkt so leicht und ätherisch wie die jungen Damen in *Schwanensee*. Doch wenn wir schon nach Vergleichen suchen, ist der beste vielleicht der mit jenen extrem vergrößerten Fotografien von Schneeflocken, in denen die Natur mit Hilfe irgendeiner inspirierten Geometrie Bilder von erlesenster Schönheit schafft.

Diese Nelken besitzen eine fast ektoplasmische Leichtigkeit, weswegen ich sie immer vor einen Hintergrund aus sehr blassem Laub pflanze – im Idealfall vor die grau-silbrigen Blätter der *Centaurea gymnocarpa*, wobei die Sorte ›Colchester‹ vielleicht die blasseste ist.

Die Sorte ist relativ neu auf dem Markt, so dass wir sie in absehbarer Zeit wohl kaum da sehen werden, wo Nelken anscheinend mit Vorliebe wachsen – im Cottage-Garten. Und wo wir gerade bei Vorlieben sind – kann mir irgendjemand einen triftigen botanischen Grund dafür nennen? Denn dass sich manche Blumen in dieser bescheidenen Umgebung am glücklichsten fühlen, ist keine Einbildung, sondern eine ins Auge springende Tatsache. Die Madonnenlilien, die in den Gärten der kleinen Cottages rund um die Tore des Herrenhauses so prachtvoll gedeihen, sind fast immer schöner und kräftiger als die, die der Gutsherr aufweisen kann. In der Mehrheit aller Fälle gilt das auch für die Hortensien, und Nelken, wie die altmodische, gefüllte weiße 'Mrs Sinkins', wuchern dort in solcher Hülle und Fülle, dass man vor Neid grün werden könnte.

Meine Theorie im Hinblick auf das Geheimnis der Cottage-Gärten lautet, dass es Pflanzen gibt, die am liebsten in Ruhe gelassen werden, und in den Cottage-Gärten werden sie aus dem sehr einfachen Grund in Ruhe gelassen, dass ihre Besitzer zu viel anderes zu tun haben, um sich groß um sie zu kümmern oder sich ständig mit ihnen zu beschäftigen. Das gilt insbesondere für die Hortensien. In Gärten, in denen es keinen Mangel an Arbeitskräften gibt, werden sie oft zu reichlich gegossen. Dadurch treiben sie zu schnell und zu üppig aus und werden prompt von frühen Frösten dahingemetzelt. In Cottage-Gärten werden sie kaum je gegossen, weswegen sie sich viel robuster entwickeln. Diese Theorie ließe sich möglicherweise auch auf die menschlichen Sprösslinge der Reichen und der Armen übertragen.

Jedenfalls werde ich mir alle Mühe geben, meine weißen Regenbogennelken in Ruhe zu lassen. Allerdings wird mir das nicht leichtfallen, denn sie verlocken einen geradezu, ständig um sie herum zu wuseln.

Erica carnea

Schneeheide
oder
Februarwunder

Beim Anflug auf London konnte ich durch das Fenster sehen, dass der größte Teil des Schnees geschmolzen war. Über Dover war er so weiß gewesen wie die Kreidefelsen – weißer sogar, denn er glitzerte im Mondlicht. Aber hier fanden sich nur noch ein paar Schneewehen an den Straßenrändern, ein paar Schlieren auf den dichtgedrängten Dächern. Das war mir nur allzu recht. Denn obwohl es schon fast drei Uhr morgens war, hatte ich die feste Absicht, eine Runde durch den Garten zu drehen, bevor ich zu Bett ging, und es wäre sehr unerfreulich gewesen, auf den Knien liegend in dem eisigen Zeug herumwühlen zu müssen, in der Hoffnung, das fröhliche Leuchten einer *Iris reticulata* zu entdecken.

Endlich zu Hause. Die üblichen Begrüßungen, die üblichen Umarmungen der Katzen und ihr nach langer Abwesenheit übliches hochmütiges, abweisendes Gehabe als Zeichen ihrer Missbilligung. Und schließlich der magische Moment – das Öffnen der Tür zum Garten.

Verwundert hielt ich inne, den Blick in den hinteren Teil des Gartens gerichtet. Der Mond war hinter einer Wolke verschwunden und der Rasen, der noch vor wenigen Minuten grün geschimmert hatte, überhaucht von Silber, zeigte sich nun wieder als düsteres Grau. Aber das Licht reichte noch aus, um am äußeren Rand des Rasens einen großen Schneehaufen zu erkennen. Ich konnte mir beim besten Willen nicht erklären, was er dort zu suchen hatte. Handelte es sich sich um irgendeine neue Erfindung von Mr Page, dem Gärtner? Führte er irgendein botanisches Experiment durch, um zu ergründen, welche Pflanzen sich an die Bedingungen in einem Iglu anpassen ließen?

Ich eilte über den Rasen und … Sie haben es natürlich längst erraten … der Schnee war in Wirklichkeit ein Blütenmeer aus *Erica carnea*, genauer gesagt der Sorte 'Springwood White'. Der Mond kam wieder zum Vorschein, und die dicht an dicht gedrängten Blüten schienen mich zu Hause willkommen zu heißen. Reinweiß, makellos, unangefochten von Kälte, Frost oder Regen. In den frühen Morgenstunden eines bitterkalten Februartages.

Ich habe diese winterliche Kostbarkeit schon oft gelobt, aber nie zuvor hatte mir der Zufall eine so treffende Illustration ihrer Tugenden geliefert. In jenen wenigen Augenblicken glaubte ich wirklich, eine Schneewehe vor Augen zu haben. Falls Sie also das Gefühl haben, Ihr eigener Garten könne in den Tiefen des Winters eine Aufhellung durch eisige Feuer vertragen, wissen Sie jetzt, was Sie tun müssen.

P.S. Den bedauernswerten, leidgeprüften Menschen unter Ihnen, die mit einem Garten mit kalkigem Boden geschlagen sind, möchte ich an dieser Stelle verraten, falls Sie es nicht längst wissen, dass alle *carnea*-Unterarten der Heide nichts gegen ein bisschen Kalk einzuwenden haben.

P.P.S. Ich habe dieses Kapitel zwar in Weiß geschrieben, hätte es aber genausogut in Rosa abfassen können. Falls Sie Rosa lieben, sollten sich sich die *Erica carnea* 'King George' zulegen.

Eucryphia glutinosa

Klebrige Scheinulme
oder
Außerhalb der Saison

Erdbeeren im Dezember, die pro Stück ein kleines Vermögen kosten und unter der hellen Beleuchtung von Fortnum & Mason in ihren kleinen Holzkästchen satt schimmern. Dicke weiße Spargelstangen im Februar, speziell aus Marokko eingeflogen und unzweifelhaft für den Tisch eines Immobilienmoguls bestimmt. Saftige reife Pfirsiche, auf Watte gebettet, ihre Haut von künstlicher Wärme zart gerötet, zu einer Zeit, da bei den meisten von uns die Pfirsiche kaum Knospen angesetzt haben. Was an den magischen Worten »außerhalb der Saison« stellt für uns einen derart großen Anreiz dar? Schließlich schmeckt kein Pfirsich, egal wie viel er kostet, je auch nur halb so gut wie einer, den man in einem Cottage-Garten an einer sonnenwarmen Mauer pflückt.

Und doch ist der Reiz da, was vielleicht einer

der Gründe dafür ist, dass wir die Familie der Eucryphien so heiß und innig lieben, obwohl sie auch an und für sich so schön sind, dass sie uns selbst dann in ihren Bann ziehen würden, wenn sie sich entschlössen, ganz normal im Frühling zu blühen.

In einem normalen Jahr erreichen sie ihre Höchstform gegen Ende August – zu einer Zeit also, zu der andere Sträucher bereits ein bisschen mitgenommen aussehen. Der späte Rhododendron hat die meisten seiner Blüten abgeworfen und sogar der Sommerflieder verfärbt sich allmählich rostig braun. Genau dann entfalten die Scheinulmen ihr Schneegestöber – und es ist tatsächlich ein Schneegestöber, blendend weiß –, ein Weiß, das im Fall der *glutinosa*, deren Blüten, wie Sie feststellen werden, Ähnlichkeit mit dem weißen Johanniskraut haben, durch die weinfarbenen Büschel der Staubgefäße in ihrer Mitte noch verstärkt wird. Ein gut gewachsener Baum sieht genauso zauberhaft und stimmungsvoll aus wie ein Birnbaum in voller Aprilblüte.

Aber – und es ist ein großes Aber – wir können nicht so tun, als sei die Scheinulme eine anspruchslose Pflanze. Vielmehr verlangt sie einen extrem durchlässigen sauren Boden, einen windgeschützten Standort, eine ausgewogene Mischung aus Licht und Schatten und, auf die Gefahr hin, »unbotanisch« zu klingen – eine gute Portion Glück. Aber wären sie wirklich ehrlich, würden wahrscheinlich selbst die penibelsten Botaniker zugeben, dass das Glück beim Abenteuer des Gärtnerns eine oft nicht unbeträchtliche Rolle zu spielen scheint.

Jedenfalls können Sie sich, wenn es Ihnen gelingt, diesen Schatz bei sich zum Wachsen zu bringen, wahrhaft glücklich schätzen.

Fritillaria

Schachbrettblume
oder
Nochmal zwanzig sein

Für jede Phase unseres Lebens gibt es eine »charakteristische« Blume, und die Tagebuchschreiber unter uns hätten sicher kein Problem, jedem Jahr die Blume zuzuweisen, die ganz besonders damit verbunden ist. Die Seiten der Kindheit sind mit Butterblumen und Gänseblümchen getüpfelt. Selbst heute noch sehe ich den schwachen goldenen Widerschein auf dem Kinn meiner alten Gouvernante, als ich ihr einen Strauß Butterblumen unter die Nase hielt, um herauszufinden, ob sie Butter mochte. (Wenn sich der Schimmer der Blüten auf der Haut spiegelte, lautete die Antwort ›Ja‹.) Und ich kann mich auch immer noch an eine schmerzliche Episode mit einer jungen Dame erinnern, die auf einer Wiese in Devonshire mit einem Kranz aus Gänseblümchen gekrönt werden wollte. Ich sagte, Gänseblümchenkränze zu flechten sei »Pflanzenquälerei«, worauf sie mich, verzeihlicherweise, einen Waschlappen nannte. In dieser Frage bin ich bis heute einer.

Die Schachbrettblumen sind mit meiner Studentenzeit verbunden, denn auf den Wiesen des Magdalen College in Oxford wachsen sie so zahlreich wie nirgends sonst in England. Soweit ich weiß, hat keiner der vielen hundert Schriftsteller, die sich über die Schönheiten Oxfords ausließen, diese Tatsache je erwähnt. Nicht einmal bei Oscar Wilde, für dessen Prosa das hübsche Wort »fritillary«, so zart wie der Flügelschlag eines Perlmutterfalters, extra erfunden sein könnte, kommen sie vor. Übrigens stammt die Bezeichnung vom lateinisches ›fritillus‹ ab, womit ein Würfelbecher gemeint ist, und die Zeichnung der Blüten ähnelt tatsächlich den Punkten auf einem Würfel, oder eben der Musterung eines Schachbretts.

In meiner Studentenzeit genügte es mir, mich einfach an der Schönheit der Blüten zu erfreuen, zwischen ihnen umherzuwandeln und Sonette an die Isis, wie die Themse in Oxford genannt wird, zu komponieren, die, nebenbei bemerkt, in der Regel abgelehnt wurden. Heute, als Gärtner, sollte ich erwähnen, dass ihre Vorliebe für die Wiesen von Magdalen wahrscheinlich das Geheimnis des gärtnerischen Erfolgs mit ihnen beinhaltet: Sie mögen einen leicht kalkigen Boden, volle Sonne und feuchte Wurzeln.

Und natürlich hassen sie es, gestört zu werden. Jahr für Jahr, Generation für Generation, tänzelten diese Blumen im Hintergrund durch das Leben von Englands Jugend. Wie lange sie das noch ungestört tun dürfen, hängt von den ›Planern‹ ab, die bisher kein großes Interesse an ihnen an den Tag legten. Sollten sie die Wiesen je umgraben, wird ein Hauch Farbe und Fröhlichkeit für immer aus Oxford verschwinden.

Fuchsia 'Rose of Castile'

Fuchsie 'Rose of Castile'
oder
Edwardianische Eleganz

Für viele von uns gehören die Fuchsien zu den Blumen, an die wir uns aus frühester Kindheit erinnern. Im langen Kalender unseres Blumenlebens treten sie nicht lange nach den Butterblumen und den Gänseblümchen in Erscheinung. Wieso? Natürlich weil wir es liebten, sie zum Platzen zu bringen. Wenn Mr Page, der Gärtner, gerade einmal nicht hinsieht, finde ich es selbst heute noch schwer, der Versuchung zu widerstehen, mich schnell zu bücken und eine der Blüten platzen zu lassen, auch wenn das der Blüte vielleicht nicht besonders guttut und man nur hoffen kann, dass es ihr keinen wirklichen Schaden zufügt. Jedenfalls gehört dieses Verhalten zu den Dingen, die einem vielleicht helfen, jung zu bleiben.

Es gibt gute Gründe, die Fuchsien als »edwardianisch« zu beschreiben. Der offensichtlichste ist wohl der, dass sie ihren höchsten Beliebtheitsgrad im ersten Jahrzehnt des zwanzigsten Jahrhunderts erlebten. Zeitgenössische Biografien berichten uns von ganzen Gewächshäusern, die ausschließlich den Fuchsien vorbehalten waren. Vielleicht ist es nicht zu vermessen, zu vermuten, dass sich die Opulenz der Blüten in der Mode der edwardianischen Zeit widerspiegelte, der Zeit schimmernden roten Satins und lavendelfarbener Seide, der Zeit, als My Fair Lady noch nicht davor zurück scheute, sich in Schale zu werfen.

Wieso diese hinreißenden Blumen je aus der Mode kamen, ist schwer zu verstehen. Vielleicht liegt es daran, dass man sie für so zart und anfällig hielt wie die Damen, deren Gewächshäuser sie einst schmückten. Zum Glück wurde diese ihnen angedichtete Anfälligkeit triumphierend widerlegt, und zwar im extrem harten Winter 1963, als die Fuchsien bewiesen, dass sie ebenso zäh sind wie jede noch so robuste Chrysantheme. In meinem eigenen Garten gab es sechs Sorten – 'Rose of Castile', 'Howlett's Hardy', 'Madame Cornelissen', 'Graf Witte', 'R.A.F.' und die *gracilis variegata*. Keine von ihnen wurde zum Schutz gegen den Frost abgedeckt, nicht einmal mit einem

Farnwedel, und keine von ihnen nahm auch nur den geringsten Schaden.

Es ist nicht leicht, aus einer derart geballten Ansammlung von Charme einen speziellen Liebling herauszupicken. Einen Moment lang spielte ich mit dem Gedanken, den ersten Preis an die *gracilis variegata* zu vergeben, und zwar wegen der grünelfenbeinfarbenen Eleganz ihrer Blätter. Und was satte Farben angeht, ist die 'Madame Cornelissen' nur schwer zu schlagen. Aber ich hoffe, dass niemand Einwände gegen meine Wahl, die 'Rose of Castille', erhebt. Sie ist eine echte edwardianische Schönheit, die triumphierend in einem weniger grazilen Zeitalter blüht.

Galanthus elwesii

Schneeglöckchen
oder
Auf den Blickwinkel kommt es an

Ich vertrete ja die Ansicht, dass die Schönheit von Schneeglöckchen am besten zur Geltung kommt, wenn man sie von unten betrachtet oder sich zumindest auf Augenhöhe mit ihnen begibt. Wenn Sie ein Sträußchen in einer Vase aus klarem Glas arrangieren und das Glas auf einen Spiegel stellen, werden Sie verstehen, was ich meine. Das Spiegelbild ist noch schöner als die Realität.

Vielleicht meinen Sie, dass es über die Schnee-glöckchen kaum etwas Neues zu sagen gibt. Falsch. Es gibt eine ganze Menge. Der Tatkraft von ein oder zwei vortrefflichen Gärtnern ist es zu verdanken, dass sich die Zahl und Vielfalt der Sorten, die uns zur Verfügung stehen, beträchtlich vergrößert hat, und stünde mir mehr Platz zur Verfügung, würde ich mich nur allzu gern über den Zauber des duftenden Schneeglöckchens auslassen, das selbst an den kältesten Tagen des Jahres einen leisen Magnolienduft verströmt, oder über das Herbst-Schneeglöckchen – *Galanthus reginae-olgae* –, das in den letzten Oktobertagen zu blühen beginnt.

So jedoch wollen wir uns auf die *Galanthus elwesii* beschränken, die sich immer noch als die früheste und sicherste Sorte behauptet, die Sie kaufen können, wenn ich einmal davon ausgehe, dass Sie, wie die meisten Leute, getrocknete Zwiebeln kaufen wollen. Wieso die »sicherste« Sorte? Weil die Zwiebeln aus der Türkei kommen, wo sie von der Sonne derart gebacken und derart perfekt ausgereift wurden, dass sie sich in kleine Sonnenspeicher verwandelt haben und folglich über Energiereserven verfügen, die ihnen helfen, den Schock zu verkraften, in kältere Gefilde verpflanzt zu werden.

Bei weitem die beste Möglichkeit, unsere einheimischen Schneeglöckchen zu erwerben, ist natürlich, sie »grün« zu kaufen. Die Pflanzen werden absolut jämmerlich aussehen, wenn Sie sie auspacken, sämtliche Blätter zerquetscht und geknickt, aber sie werden sich trotzdem wackerer halten als alle getrockneten Zwiebeln, egal wie hübsch das Bild auf der Packung ausgesehen hat.

Am besten aber wäre es, Mitte Februar ein Wochenende in einem Herrenhaus auf dem Land zu verbringen, einem wie Wilton zum Beispiel, wo Unmengen von ihnen die Wiesen rund um elegante palladianische Mauerbögen in Schneeflächen verwandeln. Freunden Sie sich mit dem Obergärtner an, borgen Sie sich einen frisch geschärften Spaten und einen großen Korb, warten Sie, bis es anfängt zu dunkeln und … der Rest ist Schweigen.

Galtonia candicans

Sommerhyazinthe
oder
Besser spät als nie

Für mich ist diese Blume von einem großen
Geheimnis umwoben. Nicht so sehr wegen
ihrer äußeren Erscheinung – obwohl ihre Blüten
an einem Augustabend, wenn der Mond voll ist,
von einem fast ektoplasmischen Glanz umgeben
sind. Sondern weil sie sich mir über dreißig Jahre
lang entzogen hat.

Wie konnte das bloß passieren? Schließlich
habe ich mich den größten Teil meines Lebens in
den meisten zivilisierten Ländern der Welt in allen
möglichen Gärten herumgetrieben, habe mich in
die hintersten Ecken von Blumenrabatten ge-
zwängt, habe auf Knien im Gras gelegen und mir
alles Mögliche durch Vergrößerungsgläser ange-
sehen, bin auf Mauern geklettert, um besser in das
violette Herz einer Clematis blicken zu können,
habe Notizen auf die Rückseiten Tausender Brief-

umschläge gekritzelt. Es gab sogar eine Zeit, in der ich einen völlig weißen Garten plante, in dem diesen wundervollen Geschöpfen ganz zweifellos eine Hauptrolle zugekommen wäre. Aber nie auch nur die kleinste Spur der Galtonia, nie auch nur ein Wörtchen über sie.

Wieso nicht?

Es ist und bleibt mir ein Rätsel. Vergleichbar höchstens mit einem begeisterten Kinogänger, der erst im bereits fortgeschrittenen Alter zum allerersten Mal auf eine Schauspielerin mit dem seltsamen und nie gehörten Namen Greta Garbo stößt. (Mit der diese Pflanze, nebenbei bemerkt, eine ausgeprägte Ähnlichkeit besitzt.)

Und doch … bin ich der Einzige? Wenn anlässlich von gemeinnützigen Veranstaltungen Besucher in den Garten kommen und dort auf die Galtonias mit ihren kühlen, keuschen, zarten, glockenförmigen Blüten stoßen, gibt es kaum jemanden, der sie schon einmal gesehen hat. »Sind die *neu*?«, fragen sie. »Sind sie sehr ›schwierig‹? Und sehr teuer?«

Heute, nachdem ich die einschlägigen Bücher studiert und die Pflanze in meinem Garten angesiedelt habe, kann ich diese Fragen mit einiger Überzeugung beantworten. Die Galtonia – im alltäglichen Sprachgebrauch auch Kaphyazinthe genannt –, ist ganz und gar nicht neu. Es gibt sie seit rund hundert Jahren in unseren Gärten. Und sie ist ungefähr so ›schwierig‹ wie die Marien-Glockenblume. Teuer? Aus einem Samenpäckchen für einen Shilling ziehen Sie garantiert mehr als genug Pflanzen für Ihren Bedarf. Und ausnahmsweise einmal geben sich die »Pflanzanweisungen« auf dem Tütchen eher zu bescheiden. Sie sagen nämlich, dass Sie erst im vierten Jahr nach der Aussaat mit den ersten Blüten rechnen können. Ich habe meinen ersten Strauß schon im zweiten Jahr gepflückt.

Hostas

Funkien
oder
Magie der Blätter

Bisher haben alle, die es lieben, Blumen zu arrangieren, den Hostas kaum Aufmerksamkeit gezollt, was verwunderlich ist. Man hätte gedacht, dass sie sich, selbst wenn sie die zarte Schönheit der Blüten nicht weiter bemerkenswert fänden, von den dekorativen Möglichkeiten der Blätter angezogen fühlen würden, die sie doch in eine endlose Vielzahl unnatürlicher Posen hineinzwingen könnten. Sicher werden sie es noch tun.

Diese Blätter sind der eigentliche Grund dafür, dass wir die Hostas oder Funkien anpflanzen. Ich selbst habe mehrere Sorten im Garten, aber meine beiden Lieblinge sind die *Hosta sieboldiana (H. glauca)*, die Blaublatt-Funkie, und die *Hosta undulata*, die Schneefeder-Funkie.

Man könnte meinen, die *undulata* sei speziell für all jene erschaffen worden, die Gruppen *wei-*

ßer Blumen lieben. Die blassgrünen, zart gebogenen Blätter schmücken sich mit üppigen, elfenbeinweißen Streifen, tatsächlich enthalten manche von ihnen bedeutend mehr Weiß als Grün. Nichts könnte liebreizender sein als die Art, wie sie mit anderen Blumen wie Maiglöckchen, weißen Rosen oder weißen Wicken kommunizieren. (Sie werden feststellen, dass sie eine sehr lange Lebensdauer haben.)

Was die viel größere *Hosta sieboldiana* angeht, so weiß ich wirklich nicht, wie ich das Jahr ohne sie überstehen sollte. Auch ganz für sich allein, ohne jegliche Unterstützung durch andere Blumen, besitzen die riesigen Blätter eine unglaublich kühne, stolze Schönheit, sofern Sie ihnen erlauben, sich selbst zu arrangieren, und nicht versuchen, sie gegen ihren Willen zu irgendetwas zu zwingen.

Dazu kommt – und das scheint nur den allerwenigsten klar zu sein –, dass die Blätter, vorausgesetzt Sie schneiden sie nicht ab, kaum dass sie anfangen zu welken, langsam und allmählich eine subtile, leuchtende Herbstfärbung annehmen. Der blaue Schimmer verblasst, ein goldener Rand entsteht, und dieses Gold breitet sich aus und tüpfelt und sprenkelt allmählich das ganze Blatt, und wenn der Oktober kommt, sieht es aus, als sei es in brünierter Bronze gearbeitet worden. Genau dann gehe ich in den Gemeindewald, schneide lange braune Farnwedel, stecke sie zu den Hostas und freue mich diebisch über das wunderschöne und dazu noch spottbillige Arrangement.

Soweit ich weiß, haben die Hostas keine Macken und keine Launen. Sie sind zäh und tolerieren sämtliche Böden, egal welcher Beschaffenheit. Und man kann sie in ziemlich tiefen Schatten pflanzen.

Hydrangea 'Blue Wave'

Hortensie 'Blue Wave'
oder
Wurde auch Zeit

Gäbe es eine Krankheit namens Hortensitis, ich hätte sie. Seit ich mich erinnern kann, und ich erinnere mich nur sehr ungern, haben mir die Hortensien Kopfschmerzen bereitet, mir Rückenschmerzen eingebracht und mir einen ausgewachsenen Minderwertigkeitskomplex beschert. Anfangs waren es Probleme mit zu kalkhaltigem Boden, gepaart mit meiner hartnäckigen Weigerung, mich damit abzufinden, dass Hortensien bei einem solchen Boden niemals blau werden, ganz gleich mit wie viel Färbeflüssigkeit man sie tränkt oder wie viele Tonnen Alteisen man rund um ihre Wurzeln verbuddelt. Man selbst wird vor lauter Wut und Frustration blau im Gesicht, aber die Hortensien behalten ihr knalliges oder, noch schlimmer, ihr kränklich-gelbliches Rosa, das an die Gesichtsfarbe eines siechen Kindes erinnert.

Später, in anderen Gärten, als der Kalk der Vergangenheit angehörte, waren der Wind und die Herbstfröste das Problem. Größtenteils war auch das mein eigener Fehler. Ich war zwar durchaus alt genug, um es besser zu wissen, machte aber trotzdem den elementarsten Fehler, den ein blutiger Anfänger nur machen kann. Ich pflanzte meine Hortensien dahin, wo *ich* sie haben wollte, statt dahin, wo sie selbst sein wollten, was immer und unweigerlich fatal ist. Wenn Ihre Pflanzen nicht an den Stellen sein wollen, an denen Sie sie gerne hätten, können Sie das Gärtnern genausogut gleich aufgeben und anfangen, Kaninchen zu züchten.

Zum Glück gehören die Hortensien – und das ist etwas, was man sich merken sollte – zu den Pflanzen, die sich absolut problemlos versetzen lassen. Selbst wenn die übliche Zeit zum Umpflanzen längst vorbei ist, können Sie sie ausgraben, auf eine Schubkarre schmeißen und mit ihnen durch den ganzen Garten rollern. Sie können sie genauso leicht ein- und wieder ausbuddeln, als rückten Sie die Möbel im Wohnzimmer herum. Genau das taten wir, bis wir endlich die richtige Stelle fanden, im Halbschatten, unter Zweigen, die dem Frost etwas von seiner Eiseskälte und dem Wind etwas von seiner Schärfe nahmen. Am Meer wäre das natürlich nicht nötig gewesen, genauso wenig wie in den winzigen Vorortgärten, in denen sie sich oft so prächtig entwickeln, geschützt durch den Zaun zur Straße hin und durch die warmen Backsteinmauern des Hauses.

Hätte die Schriftstellerin Nancy Mitford je eine Gartenkolumne geschrieben, hätte sie manche Pflanzen zweifellos als »upperclass« und andere als »nicht-upperclass« eingeordnet. Im Fall der Hortensien hätte sie die Nase ganz sicher über die wuscheligen Köpfe der Ballhortensien gerümpft und ihr Adelsprädikat an die zarten Spitzenhäubchen- oder Tellerhortensien verliehen, und darin würde ich ihr widerstrebend sogar beipflichten. Denn obwohl die leuchtenden Blütenbüschel der Ballhortensien immer ein fröhlicher Anblick sind, müssen wir zugeben, dass sie im Vergleich zur Eleganz der Blüten von 'Blue Wave' doch ein bisschen proletarisch wirken.

Iris kaempferi

Japanische Iris
oder
Porzellanmalerei

Ein notorischer Miesepeter in einem Garten voller Iris, krampfhaft bemüht, irgendetwas Abfälliges zu finden, was er über sie sagen kann, würde sich wahrscheinlich darüber auslassen, dass sie die Gewohnheit haben, am Stiel zu welken. Er würde darauf hinweisen, dass ein Stengel sich nur in den seltensten Fällen von oben bis unten makellos zeigt. Denn während einige der Blüten noch Knospen sind, sind andere bereits verwelkt und zu einer ziemlich klebrigen Masse zusammengeschrumpft.

Der Miesepeter mag in diesem Punkt nicht ganz unrecht haben, obwohl ich selbst diese Angewohnheit der Iris ganz und gar nicht bedauerlich finde. Tatsächlich ist sie mir sogar lieb und recht, denn sie ist Entschuldigung dafür, eine Menge Zeit damit zu vertun, im Garten herumzugehen und die abgestorbenen Teile abzuschnipseln, um der Pflanze dadurch zu einer längeren Schönheitsdauer zu verhelfen.

Die Iris sind eine so vornehme und weit verzweigte Familie, dass es ein wenig lächerlich scheinen mag, ein einzelnes Mitglied zur besonderen Ehrung hervorzuheben. Wie kann man beispielsweise die phänomenale *Iris unguicularis* übergehen, die Kretische Schwertlilie, die man auch als Januar-Orchidee beschreiben könnte, oder die wundervolle kleine *reticulata*, die Netzblatt-Schwertlilie, die so bald auf sie folgt? Wie kann man die imposanten blauvioletten Flaggen der *pallida* ignorieren, der Bleichen Schwertlilie, oder die einzigartige, ein wenig unheimliche Blüte der *Iris sibirica*, der Sibirischen Schwertlilie? Letztere kann definitiv von sich behaupten, absolut »exklusiv« gewandet zu sein, denn für keine andere Blüte hat die Natur einen so eigenartigen Stoff entworfen, durchzogen von Adern aus Schiefergrau, Violett und Purpur. Und wie können wir unsere einheimische *Iris foetidissima* vergessen, die Übelriechende Schwertlilie, die im Oktober die Ufer von Waldbächen mit ihren leuchtenden, korallenroten Samenkapseln verschönert?

Bei so viel Schönheit kann man eigentlich nur

die Augen schließen und aufs Geratewohl eine Stecknadel in den Katalog pieksen. Doch da wir verpflichtet sind, eine Wahl zu treffen, werde ich aus meiner eigenen bescheidenen Sammlung die zart gezeichnete japanische *Iris kaempferi* wählen. Sie ist so schön wie jedes andere Mitglied der Familie, mit Blüten, die aus Porzellan gemacht sein könnten, zart überhaucht von einer Maserung in blassem Blau. Obwohl sie so zerbrechlich aussieht, ist sie in Wahrheit so robust, wie man es sich nur wünschen kann. Bei uns stehen die *kaempferi* in einem Beet, dessen Erde immer feucht ist, und obwohl ihre Wurzeln im bitterkalten Winter 1963 wochenlang ununterbrochen in knallhart gefrorener Erde feststeckten, überstanden sie diese Prüfung mit einem Lächeln.

Iris stylosa

Kretische Iris
oder
Juwelen im Schnee

S ollte der ein oder andere Botaniker je einen
Blick auf diese Seiten werfen, würde es ihn
sicher in den Fingern jucken, mich darauf hinzuweisen, dass diese erlesene Pflanze inzwischen in
Iris unguicularis umbenannt wurde. Ich bin mir
dessen wohl bewusst. Aber ich bin mir auch bewusst, dass sie im aktuellen Katalog einer der
größten Gärtnereien Englands wieder zu *stylosa*
zurückgekehrt ist, und würde gern denken, dass es
sich dabei um eine Revolte der praktizierenden
Gärtner gegen die Botaniker handelt, die zur Ver-
wirrung und Verzweiflung von Menschen wie mir
selbst immerzu irgendwelche Sachen umbenen-
nen.

Stylosa … unguicularis … ganz gleich, wie wir
sie nennen, diese Blume wird uns mehr als irgendeine andere, die den Unbilden des britischen Kli-

mas trotzt, durch den Winter geleiten. Den Untertitel »Juwelen im Schnee« habe ich gewählt, um ihre außergewöhnliche Zartheit und Robustheit zu dramatisieren. Wir können die Knospen buchstäblich aus den Tiefen einer Schneewehe ausgraben, sie in ein warmes Zimmer bringen und dabei zusehen, wie die Blüten sich innerhalb weniger Stunden entfalten.

Und auf wie magische Weise sie das tun! Die Blütenblätter sind himmelblau, aber es ist ein Februarblau, wie der hohe, ferne Himmel an einem Morgen, an dem die Erde vor Frost starrt. Dieses Blau ist nahe der Mitte ganz leicht mit einem pudrigen Gold gefleckt. Die ganze Blüte sieht so zart und luftig aus, dass man sich nicht wundern würde, würde sie an die Decke schweben. Und doch hat sie Temperaturen überstanden, die für manch robustere Pflanze der Tod gewesen wären.

Als Blume hat sie nur einen Nachteil: Sie weckt Gefühle übelster Raffgier in den weiblichen Bekannten, die man so hat und die nur eins wollen: sie an sich reißen, an ihren Busen heften und sie in der Oper vorführen, wo die arme Blume unweigerlich sterben würde. Jeder von uns muss sich selbst die beste Methode zum Umgang mit diesen Kreaturen ausdenken.

Ein praktischer Hinweis. Abgesehen davon, dass die *Iris stylosa* volle Sonne verlangt, hasst sie es, verhätschelt zu werden. Je karger der Boden, desto besser. Meine eigenen stehen vor einer Südmauer, in Erde, die so schlecht ist, dass man denken würde, sie sei allerhöchstens für die Kapuzinerkresse geeignet – sie ist trocken, klumpig und durchsetzt von altem Geröll, Kalkbrocken und rostigen Nägeln. Aber jeden Winter produzieren die Iris ihr schimmerndes Kontingent an Juwelen.

Lilium regale

Weiße Königslilie
oder
Der Duft der Heiligkeit

Wir befinden uns in einer Kirche – der cherubinischen, aus dem achtzehnten Jahrhundert stammenden Kirche St Peter in Petersham, deren Bänke so hoch sind, dass man von den anderen Gemeindemitgliedern nur die Nasenspitzen oder den Scheitel sieht. Ein Scheinwerfer beleuchtet das Taufbecken, das ich mit einer gloriosen Fanfare königlicher Lilien füllen möchte. Das will auch Mrs X, die mir mit den Blumen hilft. Allerdings sind wir beide leise besorgt, da wir nicht genau wissen, wie die kirchlichen Regeln im Hinblick auf das Füllen sehr kleiner Taufbecken mit sehr großen Lilien lauten. Begehen wir vielleicht irgendeine obskure Form von Sakrileg? Beschwören wir vielleicht Blitz und Donner seitens des Erzbischofs auf uns herab?

Ich sah Mrs X an; Mrs X sah mich an; gemeinsam sahen wir die Lilien an. »Ich kann mir nicht vorstellen, dass irgendjemand etwas dagegen hätte, wenn wir das Becken benutzen«, murmelte ich.

Ein Augenblick des Schweigens. Dann sagte Mrs X sehr bestimmt: »Ich bin mir jedenfalls sicher, dass *Gott* absolut nichts dagegen hätte. Übrigens habe ich in der Sakristei ein Stück Hühnerdraht gesehen.«

Am nächsten Morgen waren die Lilien ein großer Erfolg. Vor allem beim Singen des Benedicite, in dem es unter anderem heißt, »alles, was grünt und blüht, preiset den Herrn«, zogen sie viele bewundernde Blicke auf sich. Sie waren wie ein Beweis für das, was der Psalmist sagen wollte. Sicher, ihr Duft war so intensiv, dass einer jungen Dame die Sinne schwanden und sie hinausgetragen werden musste, aber das lässt sich wohl kaum als Ausdruck von Gottes Missbilligung deuten.

Die Königslilien preisen den Herrn in der Tat. Einige von meinen eigenen gerieten im letzten Sommer geradezu in Verzückung und priesen ihn mit nicht weniger als dreißig schneeweißen Trompeten pro Stengel. Selbst der hingebungsvollste Engel hätte nicht viel mehr Enthusiasmus an den Tag legen können.

Sofern Sie nicht schon auf die Hundert zuge-
hen, würde ich Ihnen empfehlen, die Königslilien
aus Samen zu ziehen, und zwar vorzugsweise aus
Samen einer Schote aus dem Nachbarsgarten, in
dem Augenblick gepflückt, in dem sie gerade zu
reifen anfangen. Im nächsten Frühjahr werden
sich die Triebe so dicht wie Senf oder Kresse aus
der Erde hervorzwängen, die Samenkapseln noch
wie kleine Hütchen oben auf den Köpfen. Im folgenden Jahr können Sie sie dann nach draußen
pflanzen, entweder an eine vollsonnige oder eine
halbschattige Stelle, und im Jahr darauf können
Sie den ersten Strauß pflücken.

Die Königslilien sind so umgänglich wie kaum
eine andere Blume. Sie tolerieren ein gewisses
Maß an Kalk; sie brauchen anscheinend nie gegossen zu werden; und man muss sie nicht einmal
hochbinden. Ihr einziger Nachteil ist der, dass
ihre goldenen Pollen so zahlreich und so klebrig
sind, dass man sie, wenn man sie an die Nase bekommt, was unweigerlich passiert, kaum wieder
wegbekommt. Aber der Duft, der geradewegs von
den elysischen Feldern herbeizuwehen scheint,
wird Sie in einen derartigen Rausch der Seligkeit
versetzt haben, dass es Sie kein bisschen stören
wird.

Magnolia grandiflora

Immergrüne Magnolie
oder
Geschenk für eine Dame von Rang

Ich habe eine bezaubernde alte Nachbarin, die wir Lady D. nennen wollen. Etwa um die Juli-mitte herum greife ich jedes Jahr zum Telefon, und die folgende Unterhaltung findet statt.

»Maud, sie ist aufgegangen.«

»Sie ist auf – nein, wirklich? Die erste – Magno-lie?«

»Ja.«

Ein entzücktes Seufzen. Und dann: »Soll sie – soll sie für mich sein?«

»Selbstverständlich. Wann kann ich sie vorbei-bringen?«

»Auf der Stelle. Noch in diesem Augenblick. Ich mache alles bereit.«

»Alles bereitmachen« bedeutet, dass sie eine sehr kostbare Schale aus dem Blumenschrank her-vorkramt, die die Form einer Lotusblüte hat und aus Jade geschnitzt ist. Wenn ich eintreffe, ist die Schale bereits mit Wasser gefüllt, und sie legt die Blüte hinein, als sei sie ein Juwel von unschätzbarem Wert, und genau das ist sie auch. Den Rest der Woche wird sie absolut selig sein. Und es ist vielleicht nicht besonders nett zu sagen, dass Lady D. immer die allererste Magnolie bekommt – und dazu noch viele weitere im Verlauf des Sommers –, weil sie sie so leidenschaftlich liebt, dass sie durchaus fähig wäre, sich in meinen Garten zu schleichen und sie einfach zu stibitzen.

Wieso wird die Magnolie nicht viel häufiger gepflanzt? Weil sie eine Exotin ist? Aber das ist sie nicht. Einige Sorten, insbesondere die *grandiflora*, vertragen fast so viel Kälte wie der Lorbeer, allerdings pflanzt man sie tatsächlich am besten vor eine Mauer, um sie vor ihrem größten Feind zu schützen, dem Wind. Weil sie so langsam wächst? Aber das tut sie nicht. Ein guter halber Meter gesunden, energischen Wachstums in einem einzigen Jahr kann kaum als langsam bezeichnet werden.

Auf die Gefahr hin, etwas morbide zu klingen, als hätte ich mir meine Gartenkenntnisse aus Baudelaires *Die Blumen des Bösen* angeeignet, muss ich gestehen, dass die Blüte der Magnolie für mich dann am schönsten ist, wenn das Leben fast aus ihr gewichen ist, in den Stunden der Dämmerung, wenn die Blüten zu schwächeln anfangen und schlaff werden, wenn ihre makellose elfenbeinerne Textur verblasst und sie einen geisterhaften Glanz aussenden, der aus einer anderen Welt zu kommen scheint.

Schlagen wir ein neues Blatt auf, um uns auf andere Gedanken zu bringen.

Meconopsis betonicifolia

Blauer Scheinmohn
oder
Wie aus dem Märchen

Fast mein ganzes gärtnerisches Leben lang ließ die Legende, wie der große Pflanzensammler Kingdon Ward diese Mohnblume entdeckte, mir keine Ruhe, und selbst wenn die Geschichte erfunden wäre, enthielte sie trotzdem jene essentielle Wahrheit, die man mit den ersten Märchen verbindet, die man je hört. In meiner Version stapfte Kingdon Ward am Ende eines langen, erfolglosen Tages irgendwo in der Wildnis Tibets durch einen engen Gebirgspass und hoffte, noch vor Einbruch der Nacht das Ende zu erreichen. Das gelang ihm auch. Und als er aus dem Pass heraustrat, breitete sich vor ihm etwas aus, was er im ersten Augenblick für einen großen See hielt, eine saphirblaue Wasserfläche, die im Licht der untergehenden Sonne schimmerte. Aber es war kein See. Das ›Wasser‹ bestand aus Millionen von Blüten. Manche Geschichten sind so schön, dass sie einfach wahr sein müssen. Dies ist eine davon.

Den Anschein zu erwecken, als könne auch ich auf Seen aus blauen Mohnblumen blicken, wäre die größte Übertreibung aller Zeiten. Jahrelang bekamen wir sie überhaupt nicht zum Wachsen, weil wir unter dem Fluch von Dämon Kalk standen. Im derzeitigen Garten, wo der Boden neutral ist, wachsen sie zwar, aber nur spärlich, im Halbschatten, und nur, wenn wir sie ständig mit Extraportionen Torf versorgen. Aber sie scheinen einen wirklich hundertprozentig sauren Boden zu verlangen. Und noch etwas – sie dürfen nie durstig werden, nicht einmal einen einzigen Tag, und man kann doch nicht den ganzen Sommer lang den Schlauch auf sie halten, nicht einmal, wenn das Wasser, das aus ihm strömt, so süß und weich wie reines Regenwasser wäre, was eben nicht der Fall ist.

Woraus Sie schließen dürfen, dass der perfekte Platz für den blauen Mohn ein Torfboden ist, am Ufer eines sanft dahinplätschernden Bächleins, im Schutz gigantischer Eichen. Nur die wenigsten von uns sind mit einem derart idealen Gelände gesegnet. Doch wenn es Ihnen gelingen sollte, ein kleines Grüppchen dieser Mohnblumen dazu zu bringen, Sie zu mögen, würde ich keine Mühe scheuen, sie zu ermutigen. Keine andere frühe Sommerblume besitzt diese bezaubernde Mischung aus Unschuld und Raffinesse, und kein anderes Blau leuchtet im Waldschatten derart intensiv.

Mesembryanthemum criniflorum

Mittagsblume
oder
Von der Schönheit der Vulgarität

Die Mittagsblume ist der erstaunliche Beweis dafür, dass die Natur, wenn sie einmal beschließt, vulgär zu sein – und zwar richtig vulgär –, Wirkungen von fast blendender Schönheit erzielen kann. Denn nichts könnte opulenter, greller, auf schamlosere Weise exhibitionistisch sein als ein Beet voller Mittagsblumen in voller Blüte. Magenta balgt sich mit Scharlach, das sich mit Zimt beißt, das Grellrosa anzetert, das gegen ein Dutzend Schattierungen von Orange und Zinnober ankreischt. Jede einzelne Farbe ist so laut und aufdringlich wie nur irgendetwas, was man vom Jahrmarkt kennt, aber zusammengenommen sind sie so schön wie eine juwelenbesetzte Schatulle von Fabergé.

Immer vorausgesetzt natürlich, dass die Sonne scheint. Das nämlich ist der einzige Nachteil dieser wundervollen Blumen ... sie weigern sich kategorisch, ihr Gesicht zu zeigen, wenn der Himmel grau ist. Was wir ihnen nicht wirklich zum Vorwurf machen können. Schließlich sind sie eigentlich am Mittelmeer zu Hause, wo ihre Farbenpracht, wie Sie sich vielleicht erinnern, zusätzlich durch das Türkisblau des Meeres hervorgehoben wird. Sie haben sich nicht darum gerissen, in dieses Land gebracht zu werden, und jedes Recht, sich ein bisschen zickig zu gebärden.

Abgesehen davon genügt schon das kleinste bisschen Sonnenschein, ein launisches halbes Stündchen aus Sonne und Schatten, um sie dazu zu bewegen, sich zu öffnen. Gut möglich, dass das Beet um neun Uhr morgens nichts als eine einzige, grausilbrige Fläche ist. (Nebenbei bemerkt sind die Blätter sehr hübsch und besitzen den ganz besonderen, taufrischen Schimmer mancher Sukkulenten.) Um halb zehn kann dasselbe Beet so bunt sein wie eine Patchworkdecke.

Manche Leute sind der Überzeugung, dass »Blumen sich nie beißen« und führen die Mittagsblumen gern als Beweis für ihre Behauptung an. Diesbezüglich bin ich der Erste, der ihnen recht gibt, weil die Mittagsblumen ein derart unvergleichliches Fortissimo an Blüten produzieren, dass sie eine eigenartige Harmonie erreichen, so als spiele jedes Instrument in einem großen Orchester plötzlich jede Note der Tonleiter gleichzeitig. In allen anderen Fällen aber halte ich diese Theorie für baren Unsinn.

Blumen beißen sich sehr wohl. Als ich meinen derzeitigen Garten übernahm, gab es nicht mehr viel, was noch blühte, abgesehen von dichten Büscheln Goldrute, die gleich neben hohen Gruppen aus grellrosa Phlox standen. Ich kann Ihnen versichern, sie bissen sich total.

Ein kleiner Rat zum Umgang mit den Mittagsblumen, die zur Zeit in immer größerer Zahl von Gärtnereien im ganzen Land angeboten werden. Setzen Sie die einzelnen Pflanzen immer dicht nebeneinander. Wenn zwischen ihnen nackte Erde zu sehen ist, ist die halbe Wirkung dahin. Und machen Sie sich keine Gedanken darüber, dass sie sich gegenseitig den Platz streitig machen könnten. Sie lieben es, miteinander zu rangeln.

Miscanthus sinensis 'Zebrinus'

Zebragras
oder
Ein Hauch von Dschungel

In der Regel mache ich mir nicht sonderlich viel aus Ziergräsern. Sie erinnern mich zu sehr an städtische Grünanlagen. Kaum sehe ich einen ausgewachsenen Pampasgrasbusch, schon denke ich an mit Bonbonpapieren übersäte asphaltierte Wege, die zu Bänken führen, auf denen sich weibliche Wesen über Kinderwagen beugen.

Allerdings gibt es für jede Regel eine Ausnahme, und das Zebragras ist eine davon. Wir müssen bis Mitte Juli warten, um zu erkennen, wieso es diesen seltsamen Namen trägt, denn dann erst zeigen sich auf den langen, elegant geschwungenen Blättern die goldenen Querstreifen, die sich im weiteren Verlauf des Jahres immer ausgeprägter herausbilden.

Das Zebragras ist ein Gras, das einen dazu auffordert, sich davorzustellen, es zu betrachten und – falls das nicht zu verschroben klingt – darin aufzugehen, bis man das Gefühl hat, durch einen grünen Dschungel zu pirschen, durch dessen Zweige nur hin und wieder ein Sonnenstrahl fällt. Wenn Ihnen diese kleine Übung in Sachen Phantasie gelingt, bevölkert sich der Dschungel sehr bald mit allen möglichen winzigen Lebewesen – nicht nur mit Zebras, sondern auch mit Tigern und Panthern und leuchtendbunten Papageien.

Außerdem entlockt der Wind diesem Gras die melodischsten Klänge, sofern Sie Ohren haben zu hören und lange genug lauschen. (Die musikalischen Eigenschaften von Pflanzen werden nur selten gebührend gewürdigt. Man kann Dutzende von Artikeln über das Heidekraut lesen, ohne auch nur ein einziges Wort über die speziellen Talente der *Erica cinerea*, der Grauen Glockenheide, zu finden, deren Glöckchen so magische Klänge hervorbringen.)

Die meisten der großen Gärtnereien bieten das Zebragras als ausgewachsene Pflanze an, aber man kann es auch leicht und schnell aus Samen ziehen. Und wenn Sie einen bunten Blumenstrauß zusammenstellen wollen, sind ein paar Blätter Zebragras von unschätzbarem Wert. Sie

lassen den ganzen Strauß aufleuchten und verlei-
hen ihm eine mühelose Grazie.

Narcissus bulbocodium

Reifrocknarzisse
oder
Ein Kind Lilliputs

Fast könnte man die Reifrocknarzissen als Nationalblumen Lilliputs bezeichnen, denn selbst die größten von ihnen werden nie höher als 15 Zentimeter, und die Blüten sind nur so groß wie winzige goldene Fingerhüte. Um sie *en masse* zu sehen, fährt man am besten in die Hügel Portugals, wo sie in ähnlicher Hülle und Fülle blühen wie Butterblumen auf einer Uferwiese in Wiltshire. Falls Sie nicht so weit reisen können, besuchen Sie stattdessen den romantischen Savill Garden im Park von Windsor, wo sie sich ungehindert aussäen durften und tun und lassen können, was sie wollen. Und so tänzeln sie leichtfüßig durch die Schatten der großen Bäume, um sich dann an den Händen zu fassen und ins Sonnenlicht zurückgetrippelt zu kommen.

Ich habe mich dazu entschieden, Ihnen diese

liebenswerten Miniaturen »in freier Wildbahn« zu zeigen, weil viele Gärtner – wahrscheinlich weil die Zwiebeln einem angesichts ihrer Winzigkeit ziemlich teuer vorkommen – sie als zarte Exoten betrachten, die einen ganz speziellen Standort und ganz besondere Pflege verlangen. Im Savill Garden, in Wisley und in einer Vielzahl anderer Anlagen, die der Öffentlichkeit zugänglich und gar nicht so schwer zu erreichen sind, werden Sie sehen, dass sie diese Art von De-luxe-Behandlung absolut nicht nötig haben.

Und sie säen sich tatsächlich selbst aus.

In meinem eigenen Garten habe ich vor drei Jahren hundert Stück, die mich rund dreißig Shilling gekostet haben, unter eine Goldakazie gepflanzt. Obwohl wir ziemlich stolz auf unseren Rasen sind, ließen wir das Gras unter dem Baum ungemäht, damit die Narzissen ihre Kapseln ausreifen lassen und ihre Samen ausstreuen konnten. Im folgenden Frühjahr wurden wir mit einer ganzen Fülle winziger grüner Speerspitzen belohnt, und im letzten April blühten sie derart verschwenderisch, dass wir, wären wir kommerziell eingestellt und hätten sie gezählt, wahrscheinlich festgestellt hätten, dass unsere ursprüngliche Investition von dreißig Shilling in nur drei Jahren auf annähernd zehn Pfund angewachsen war und sich damit ungefähr verachtfacht hatte.

Ich kann mir nicht erklären, wie diese hässliche finanzielle Note sich in diese Seiten einschleichen konnte. Aber vielleicht verleitet sie irgendeinen Börsenmakler dazu, sein Geld zur Abwechslung einmal vernünftig anzulegen und sich für eine Anlage zu entscheiden, die wirklich Gold einbringt.

Sollten Sie eine Narzisse brauchen, die noch eine Spur kleiner ist als die Reifrocknarzisse, sind Sie wahrscheinlich mit der *Narcissus asturiensis* (*N. minimus*) am besten beraten. Der Unterschied ist jedoch nicht wirklich groß, und sie kosten pro hundert Stück noch einmal fünfzehn Shilling extra.

Nerine bowdenii

Guernseylilie
oder
Zum Teufel mit den Experten

Im halben Oktober drücke ich mir manchmal
die Nase an den Fenstern vornehmer Blumengeschäfte in Mayfair platt und staune über das unglaubliche Talent, mit dem diese Leute es schaffen,
Blumen wie alles Mögliche aussehen zu lassen, nur
nicht wie Blumen. Da gibt es große, wuschelköp-
fige Chrysanthemen, bei denen es sich unverkenn-
bar um verkleidete Pudel handelt. Scharlachrote
Nelken, mit absoluter Sicherheit aus Siegelwachs
geformt. Orchideen, die mit großen Geschick aus
Plastik nachgebildet wurden. Das Einzige, was natürlich aussieht, sind die kleinen Veilchensträuße
für eine halbe Krone, die ganz hinten in die Ecke
verbannt wurden, als seien sie in Ungnade gefallen, weil sie so billig sind.

Dann fällt mein Blick auf eine Vase mit *Nerine
bowdenii*. Und obwohl die blassrosa Blüten selten

und zart und offenbar vornehmster Herkunft sind – was man bei einem Preis von vier Shilling pro Stiel auch erwarten darf –, ist es nicht einmal den Floristen gelungen, sie unnatürlich aussehen zu lassen. Sie sind immer noch vom gesunden Schimmer frischer Luft umgeben, als hätten sie den Herbststürmen getrotzt, und besitzen die pfirsichrosige Gesichtsfarbe junger Damen nach einem Landspaziergang.

Über diese eigenartigerweise vernachlässigte Schönheit wurde mehr Unsinn geschrieben als über jede andere Blume, die es im Garten gibt, und das will eine Menge heißen. Hören Sie sich Folgendes an: »In milden Gegenden des Südwestens kann man die Nerinen, so wie auf Guernsey, auch im Freien anpflanzen, vorausgesetzt, man bietet ihnen einen geschützten Standort vor einer Südmauer.« Worauf ich nur erwidern kann, dass sie in der letzten Oktoberwoche im finstersten Surrey wie verrückt blühten – zugegeben vor einer Mauer – aber ohne jeglichen sonstigen Schutz.

Darüber hinaus erzählen einem manche Experten, dass sie Kalk absolut nicht vertragen und die Zwiebeln mindestens fünfzehn Zentimeter tief in die Erde versenkt werden müssen. Blödsinn. Der Boden, in den ich meine ersten Nerinen pflanzte, war voller Kalk, und die Zwiebeln waren kaum mit Erde bedeckt.

Hören Sie unbedingt und in den allermeisten Fällen auf das, was die Experten Ihnen sagen, aber glauben Sie mir bitte, dass Amateure, zu denen ich mich mit Stolz zähle, sie gelegentlich des Irrtums überführen können. Und lassen Sie sich nicht vom zarten Erscheinungsbild dieser Pflanze täuschen. Sie ist zäher, als Sie glauben. Nach einer frostigen Nacht, nach der die Dahlien schwarz daniederliegen und selbst die robustesten Chrysanthemen aussehen, als täten sie sich selbst leid, wird sie Sie morgens mit einem sonnigen Lächeln begrüßen, ohne dass ihr bezauberndes Erscheinungsbild auch nur den geringsten Schaden genommen hätte.

Nicotiana 'Sensation'

Ziertabak 'Sensation'
oder
Die Blumen des Bösen

Wäre Baudelaire Gärtner gewesen, hätte er sich darauf verlassen können, unter diesen eigenartig gefärbten Blüten immer eine Schattierung zu finden, die zu seiner Stimmung passte, gleich wie finster und düster sie auch sein mochte. Mondlichtgrün, Jadebleich, Giftpilzweiß, Olive überhaucht von hektischem Rosa, schwelendes Sepiabraun, Tollkirschenrot und etwas, was sich am besten als Arsen-Pink bezeichnen lässt. Wenn Sie noch nie ein arsenhaltiges Unkrautvertilgungsmittel zusammengemischt haben, können Sie keine Vorstellung davon haben, wie absolut schockierend das Rosa dieses grauenhaften Zeugs ist. Mich schockierte es derart, dass ich es auf der Stelle in den Ausguss kippte und seitdem nie wieder ins Haus gelassen habe.

Für die meisten von uns sind Baudelaire'sche

Stimmungen eher selten. Trotzdem finde ich, dass diese Blumen in jedem Garten einen Platz haben sollten. Zugegeben, sie besitzen nicht den Charme der altmodischen Tabakpflanzen mit ihrem lieblich-verführerischen Duft. Aber sie bleiben den ganzen Tag über geöffnet, sie fühlen sich – wie nicht anders zu erwarten – an schattigen Stellen pudelwohl, und wenn Sie sich die Mühe machen, sie einzeln zu betrachten, werden Sie feststellen, dass ihre Farben eine subtile Schönheit besitzen, die sich in keiner anderen Blüte wiederfindet.

Ich kann mir vorstellen, dass sie eine Inspiration für Innenarchitekten sein könnten, auch für jede mit Originalität begabte Frau, die das Farbschema in ihrem Haus ändern will. Das Ergebnis müsste nicht zwangsweise so düster sein, wie wir es anfangs darstellten, denn abgesehen von all den genannten Schattierungen, die Böses ahnen lassen, gibt es auch viele andere Farbtöne, die so harmlos sind wie der rosige Schimmer einer Aprikosenschale – allerdings haben auch sie immer diesen Hauch von Raffinesse.

Es versteht sich von selbst, dass Sie diese Farben eigenhändig anmischen müssten. Zumindest müssten Sie dem Maler, während er sie mischt, sehr genau über die Schulter schauen. Man wagt kaum sich vorzustellen, was passieren würde, sagte man dem durchschnittlichen Malergehilfen, er solle einen Eimer Giftpilzweiß mit einem Hauch von Arsenpink abtönen. Dieser Tage könnte man, glaube ich, fest davon ausgehen, unverzüglich der Polizei gemeldet zu werden.

Nymphaea 'Laydekeri'

Winterharte Seerose
oder
Wassermagie

Wenn man Wasser in einen Garten holt –
immer das Erste, was man tun sollte, wenn
es noch keins gibt –, öffnet man die Tür zu einer
völlig neuen Welt, oder vielmehr zu mehreren
völlig neuen Welten. Man ruft die Sterne vom
Himmel herab, auf dass sie wie silberne Blüten auf
der Wasserfläche schweben, wenn die Nacht still
ist. Man beschwört die Vögel der Lüfte herbei –
(in meinem Fall zwei sehr wohlgenährte Enten,
deren offizieller Wohnsitz das Vogelschutzgebiet
im Richmond Park ist) –, und dazu einen ganzen
Schwarm seltsamer Wasserkreaturen, die Gott
weiß woher kommen. So zum Beispiel hat mir bis
jetzt noch niemand die Herkunft großer, fetter
Wassermolche erklären können. Man kauft sie
nicht, es scheint eher unwahrscheinlich, dass sie
zu Fuß anspaziert kommen, und sicher fallen sie

auch nicht aus den Wolken. Sie sind einfach da. Alles sehr seltsam und ein kleines bisschen alarmierend.

Aber die aufregendste Tür, die das Wasser Ihnen öffnet, ist natürlich die, die zu einer Fülle wunderschöner Blumen führt, die Ihnen anderenfalls versagt blieben. Die meisten von uns wären sich sicher einig, dass die Seerosen unter ihnen den Ehrenplatz einnehmen, und falls Ihr Teich, wie bei den meisten von uns, nicht groß genug ist, um mehr als zwei oder drei Sorten unterzubringen, wären Sie gut beraten, sich für die *laydekeri*-Hybriden zu entscheiden. Wir verdanken sie einem sehr verschrobenen alten Gartenkünstler namens Latour Marliac, der sein Leben damit verbrachte, hinter verschlossenen Türen ungewöhnliche Sachen mit Seerosen anzustellen. Was genau, ist nicht weiter wichtig, denn obwohl seine Geheimnisse mit ihm starben, leben seine Seerosen weiter, um seinen Namen mit Ruhm zu umkränzen und die Erinnerung an ihn in Ehren zu halten.

Eine der schönsten Sorten aus dieser edlen Familie, ist die *Nymphaea 'Laydekeri Lilacea'*. Sie besitzt einen lieblichen Duft und ist ideal für seichte Gewässer. Wir brauchen hier keinen Platz mit Pflanzanweisungen zu vergeuden; Seerosen wachsen praktisch von allein, und das wenige an Informationen, das Sie brauchen, bekommen Sie vom Mitarbeiter der Gärtnerei, wenn er Ihnen die Pflanzen bringt – für gewöhnlich im Mai.

Aber ehe wir uns der nächsten Seite zuwenden, möchte ich Sie auf eine weitere der Tugenden der Seerosen hinweisen, die nur die wenigsten, die über sie schreiben, je erwähnen. Viele von ihnen schenken uns nämlich die leuchtendsten Herbst-farben, die im ganzen Garten zu finden sind. Die Blätter unserer *Lilacea* sind, sobald der September kommt, derart mit Scharlach, Gold und Violett durchwebt, dass sie sogar dem Amerikanischen Amberbaum (*Liquidambar styraciflua*) mit seiner prächtigen Herbstfärbung Konkurrenz machen.

Violas

Stiefmütterchen
oder
Therapie in Blütenform

Stiefmütterchen haben mit tropischen Fischen eines gemeinsam: beide besitzen, wenn man unter nervösen Stresszuständen leidet, eine hochgradig therapeutische Wirkung.

Ich kann mich diesbezüglich einiger Sachkenntnis rühmen, denn ich besitze Erfahrungen mit beiden. Ich habe, erfüllt von vagen Ängsten und gequält von unerklärlichen Spannungen, in einem Pflegeheim im Bett gelegen und auf ein Aquarium gestarrt, in dem diese winzigen Geschöpfe unablässig auf ihren geheimnisvollen Wegen dahinglitten und Muster zeichneten, die wie Zeilen flüssiger Musik waren. Und allmählich ließen die Angstzustände nach, die Spannungen legten sich, und ich schwamm gewissermaßen in die Normalität zurück.

Stiefmütterchen sind sogar noch besser, insbesondere wenn es, wie in meinem eigenen Garten, ein sehr großes Beet gibt, in dem sie sich selbst aussäen durften. Tragen Sie an einem Sommerabend, an dem ein Gewitter nicht nur in der Luft liegt, sondern sich über der ganzen Menschheit zusammenzubrauen scheint, einen Stuhl nach draußen, lehnen Sie sich zurück und lassen Sie Ihren Blick schweifen. All diese Gesichter: die meisten von ihnen lächelnd, einige mürrisch, einige wie die kleiner Kinder, erhellt von einer strahlenden Unschuld, wieder andere wie kleine blumige Schurken, die Blütenblätter gezeichnet von dunklen, gefährlichen Tönen. Keine zwei Gesichter sind sich gleich, und während Sie auf diese bunte Rasselbande blicken, werden Sie feststellen, dass Sie anfangen, sich Geschichten über sie auszudenken und sie in große Abenteuer zu verstricken. Und selbst wenn der Donner grollt, werden Sie das Gefühl haben, ihn nur aus weiter, weiter Ferne zu hören.

Vielleicht kann mein eigenes Stiefmütterchenbeet als Modell für diese Art der therapeutischen Gärtnerei dienen. Es zieht sich an der ganzen Südmauer entlang und war ursprünglich für Azaleen, Kamelien und, im Hintergrund, einige der weniger robusten Rhododendrenarten vorgesehen. Weil mich die kahlen Stellen dazwischen störten, säte ich vor drei Jahren ein Päckchen Miniatur-Stiefmütterchen, die tiefblauen ›Violettas‹, ans eine Ende des Beets, und ans andere ein Päckchen gemischter Gartenstiefmütterchen. Seitdem haben sich die beiden mit fleißiger Unterstützung der Bienen zur wundervollsten blumigen Tanzveranstaltung zusammengefunden und zeigen sich in Tausenden von Mutationen und immer neuen Kostümen. Kein Wind und kein Wetter scheint sie in Mitleidenschaft zu ziehen; sie überwuchern alles, mit Ausnahme der allerhartnäckigsten Unkräuter, und ich hoffe zuversichtlich, dass sie den ganzen Rest meines Lebens weitertanzen werden.

Päonien

Pfingstrosen
oder
Das menschliche Element

Wenn man es genau bedenkt, sind Pfingstrosen den Menschen gar nicht so unähnlich – insbesondere einer bestimmten Art von konservativen Briten. So zum Beispiel verabscheuen sie Veränderungen jeder Art. Sollten Sie sie umpflanzen, kann es Ihnen passieren, dass sie jahrelang schmollen, selbst wenn Sie sie an an eine Stelle verpflanzt haben, an der sie sich von Rechts wegen bedeutend glücklicher fühlen müssten – wie eine Familie, die gezwungen wird, aus einem Slum in eine neue, weit hygienischere Wohnsiedlung umzuziehen.

Außerdem »bleiben sie gern für sich« und haben oft keine sehr hohe Meinung von ihren Verwandten. Deshalb hassen sie es, in Erde gesteckt zu werden, in der zuvor andere Pfingstrosen ansässig waren. Falls Ihnen gar nichts anderes übrigbleibt, als sie an so eine Stelle zu pflanzen, sollten Sie zumindest dafür sorgen, dass jeder Krümel der alten Erde weggeschafft wurde. Wenn nicht, werden Sie Reaktionen erleben, die ebenso unerfreulich sind wie eine alte Familienfehde.

Andererseits – und auch darin ähneln sie unseren konservativen Briten – sind sie nicht sehr anspruchsvoll, vorausgesetzt, Sie nehmen Rücksicht auf ihre kleinen Schrullen und Eigenarten. Und sie sind so robust, wie man es sich nur wünschen kann. Ich wette, dass es auch in einem extrem harten Winter keine einzige Pfingstrose gibt, die der Kälte zum Opfer fällt. In unserem Garten hat man sogar den Eindruck, als würden sie die Herausforderung genießen, denn anschließend machen sie sich prächtiger denn je zuvor.

Gerade bei den Pfingstrosen kommt einem die ewige Kontroverse zwischen »einfach« und »gefüllt« fast akademisch vor, weil beide Formen derart schön sind – die gefüllten rosafarbenen mit ihrem femininen Fragonard-Duft, die gefüllten roten, so seidig glänzend wie ein von van Dyck gemalter Stoff, die einfachen gelben, die an Seerosen erinnern, die einfachen weißen. Ich schwanke von einer zur anderen, je nachdem, welche Sorte zum betreffenden Zeitpunkt gerade blüht.

Eine nur selten erwähnte Tugend der Pfingstrosen ist ihre intensive Herbstfärbung. In manchen Jahren, wenn auf Oktobertage voller Sonnenschein frostige Nächte folgen, zeigen sich die Blätter in einem ebenso satten Scharlachrot und Gelb wie jeder Ahorn.

Physalis franchetii

Lampionblume

oder

Es weihnachtet sehr

Umgangssprachlich als Lampionblume bekannt, weckt diese Pflanze in jenen von uns, die die erste Blüte der Jugend bereits hinter sich haben, sehnsüchtige Erinnerungen. Immer wenn ich in den ersten Dezemberwochen in den Garten gehe, um die Physalis zu inspizieren, die ganz hinten wachsen, fühle ich mich an die Kinderfeste während meiner Schulzeit erinnert, als die Teppiche im Wohnzimmer zusammengerollt wurden, Lampions von der Decke baumelten wie monströse Blumen und Tanten und Cousinen kurz bevor die anderen kleinen Gäste eintrudelten auf Trittbänken balancierten, um die kleinen Kerzen in ihrem Inneren anzuzünden.

Apropos Inneres. Die Physalis, die auch Blasenkirche genannt wird, bildet im Inneren ihres orangefarbenen Blütenkelchs eine kleine Frucht aus. Diese wird von einer nicht geringeren Autorität als dem großen alten Gärtner Mr W. Robinson in seinem Katalog als »von sehr angenehmem, säuerlichem Geschmack und roh oder eingelegt der Gesundheit sehr zuträglich« beschrieben. Was beweist, dass ein Mann zwar in Sachen Botanik recht bewandert sein mag, sein Geschmackssinn aber trotzdem völlig abgestumpft sein kann. In Wahrheit schmeckt die Frucht der Physalis wie Essig, der mit einer Spur Chloroform versetzt wurde.

Hier ein Hinweis für das monströse Regiment der Herstellerinnen von Blumenarrangements, die mir nie für sehr lange aus dem Sinn gehen. Die Blütenkelche dieser ungewöhnlichen Pflanze sehen derart künstlich aus, dass es keinen Grund zu geben scheint, weshalb die Natur gekränkt sein sollte, wenn wir sie noch ein bisschen künstlicher machen. Also schneide ich zu Weihnachten immer große Büschel von ihnen ab, hänge sie zum Trocknen in den Geräteschuppen und mache mich dann mit einem Fläschchen Goldfarbe ans Werk. Nach vielleicht einer Stunde dieser beruhigenden Beschäftigung werden Sie mehrere Zweige von überaus erstaunlicher Pracht geschaffen haben, die im elektrischen Licht schimmern, als seien sie aus purem Gold gemacht. Wenn Sie noch einen Schritt weiter gehen wollen, kaufen Sie ein zweites Fläschchen, dieses Mal in Silber, und lassen Sie Farnwedeln oder nackten Baumzweigen dieselbe Behandlung angedeihen.

Das alles hat natürlich nicht das Geringste mit Gärtnern an sich zu tun. Aber wenn Sie, wie ich, zu den Leuten gehören, deren Gärten ihre ganze Existenz beherrschen, werden Sie die kleine Abschweifung vielleicht entschuldigen.

Pleione formosana

Tibetorchidee
oder
Orchideen für die Frau

Nicht dass ich für *die* Frau, als Abstraktum, so sehr viel übrig hätte. Ich stelle sie mir als nachlässig gekleidetes weibliches Wesen mit breiten Schultern und einer allzu großen Vorliebe für Vollkornkekse vor. Als die Art Frau, die eine geradezu unwiderstehliche Anziehungskraft ausübt auf Maler industrieller Wandbilder, auf denen sie für gewöhnlich in einer beigen Kittelschürze dargestellt wird, vorzugsweise an einen Traktor gelehnt, umgeben von den lieben Kleinen, deren Herkunft, wie man fürchtet, eher suspekt ist.

Aber das ist nicht die Art Frau, der ich diese seltenen und liebenswerten Blüten empfehlen möchte. Vielmehr schreibe ich hier für all die Frauen, die das Gefühl haben, ein Recht auf ein kleines bisschen Luxus zu haben, auch einmal etwas Außergewöhnliches zu verdienen, und dass es höchste Zeit ist, dass irgendjemand erkennt, dass sie für das Wohlbefinden ihrer Seelen keine neue Waschmaschine und auch sonst nichts brauchen, was irgendeinen praktischen Nutzen hat, sondern einen Hauch Farbe, einen Blick in eine andere Welt, zu der die Nachbarinnen von nebenan keinen Zugang haben.

Denn ich bezweifle sehr, dass sich diese Nachbarinnen, wie immer sie auch heißen mögen, bewusst sind, dass auch sie diese Orchideen besitzen könnten und dass sie weder »schwieriger« noch »teurer« sind als die immer gleichen Alpenveilchen, die in der Weihnachtszeit zur Standardausstattung so vieler Vororthaushalte gehören. In Form und Farbe ist die Tibetorchidee fast nicht von den teuren, malvenfarbenen Cattleyas zu unterscheiden, die man, in schimmerndes Zellophan gehüllt, in den Fenstern vornehmer Blumengeschäfte sieht. Aber sie sind nur etwa ein Viertel so groß, was sie jedoch nur umso attraktiver macht. Denn obwohl sie so bezaubernd exotisch sind, sehen sie immer noch wie *Blumen* aus, und nicht wie Gebilde aus bemalten Bändern.

Und sie sind so robust – das müssen sie auch sein, da sie aus den kalten Höhenlagen Formosas stammen –, dass sie sich in einem kalten Gewächshaus durchaus wohl fühlen, vorausgesetzt, es gelingt Ihnen, den Frost fernzuhalten. Aber wenn Sie wollen, dass sie ihre Blüten frei und ungehindert entfalten, sollten Sie die Temperatur nicht sehr weit unter 7,5 Grad Celsius oder 45 Grad Fahrenheit absinken lassen. Das ist nicht gerade viel verlangt in Anbetracht der kleinen Luxuswelt, zu der sie uns Zugang verschaffen.

Primula denticulata

Kugelprimel
oder
Der Lohn der bösen Tat

Ich wüsste gern, ob ich der einzige Gärtner bin, der schon einmal so tief gesunken ist, dass er in einem öffentlichen Garten eine Samenkapsel abgeknipst hat? Natürlich sollte man das nicht zur Gewohnheit werden lassen und es nicht ins Extrem treiben, aber finden Sie nicht auch, dass es Gelegenheiten gibt, die ein solches Tun gerechtfertigt scheinen lassen? Da spaziert man über eine Waldwiese, auf der es vor Blumen, die vor Samenkapseln strotzen, derart wimmelt, dass man eine ganze Schubkarre voll mitnehmen könnte, ohne dass es auch nur auffallen würde. Man sagt zu sich selbst: »Ich bin mit einem hochbesteuerten Auto hierher gekommen und habe dabei hochbesteuertes Benzin verbraucht, das ich von einem hochbesteuerten Einkommen bezahlt habe. Ich trage derart schwer an der Last der Steuern, dass ich zu meinem Überleben Blumen brauche. Und wenn ich diese eine kleine Samenkapsel nicht mitnehme, wird sie früher oder später einfach abgesichelt und auf den Kompost geworfen werden.«

Und so knipst man sie ab und bekommt dabei einen knallroten Kopf und das Herz schlägt einem bis zum Hals, und noch Wochen später erwartet man bei jedem Klingeln, die Polizei vor der Tür vorzufinden.

Jedenfalls bin ich auf diese Weise an meine *Primula denticulata* gekommen, und falls der Spruch »Unrecht Gut gedeiht nicht« je widerlegt wurde, dann durch dieses Beispiel. Denn die Samen keimten mit unbändiger Energie, und die blasslila Blüten schossen auf meterhohen Stengeln in die Höhe und verhalten sich so stolz und hochmütig, als seien sie sich ihrer unrühmlichen Herkunft nicht im Geringsten bewusst. Und das gilt nicht nur für die blasslila Blüten, sondern auch für die dunkelvioletten und für die in diesem rosigen Mauve, denn ich muss gestehen, dass ich nicht nur eine Samenkapsel mitgehen ließ, sondern drei.

Der Zweck dieser kleinen Geschichte ist nicht der, mit meiner eigenen Verruchtheit zu prahlen, sondern auf etwas hinzuweisen, das für den Gärtner von beträchtlicher Bedeutung ist. Primeln gehören zu einer ganzen Reihe von Pflanzen, deren Samen nur eine begrenzte Lebensfähigkeit besitzen. Samen, die Sie im Frühling selbst von den zuverlässigsten Firmen kaufen, tun nämlich teils überhaupt nichts. Ich persönlich würde niemals Samen von egal welcher Gärtnerei kaufen, außer in dem Jahr, in dem sie gesammelt wurden.

Wie ich fürchte, ist der Weg der Schlechtigkeit der beste. Es sei denn, Sie wohnen gleich neben einem liebenswürdigen Gärtner, so wie ich einer bin, dem es eine Freude ist, Sie mit einer ganzen Jackentasche voller Samen nach Hause zu schicken, glücklich in dem Wissen, dass er damit dazu beiträgt, die Welt zu einem hübscheren Ort zu machen.

Prunus 'Amanogawa'

Säulenzierkirsche
oder
Maßgeschneidert

Im Grunde genommen müsste man mindestens neunzig Prozent aller Gärtner in diesem Land zwangsweise zu diesem pflanzlichen Monument kutschieren und dazu zwingen, in stummer Ehrerbietung davor zu stehen. Anschließend müsste man sie mit einer scharfen Axt ausstatten und mit dem Auftrag nach Hause schicken, einige der unzähligen vulgären japanischen Blütenkirschen – *Prunus ›Kanzan‹* – abzuhacken, die jedes Frühjahr so viele Meilen von Vorortstraßen mit einer kitschigen rosa Zuckerglasur überziehen.

Die Blütenfarbe unserer Säulenzierkirsche – apfelblütenrosa, die Knospen in einem etwas dunkleren Ton – ist dabei gar nicht einmal *so* wichtig. Was sie einzigartig macht, ist ihr Wuchsverhalten. Statt über alles hinwegzuschwappen wie eine allzu füllige Dame, die in jedes Fenster späht und ihre Haarnadeln, Taschentücher und dergleichen auf dem ganzen Rasen verstreut, behält sie ihre schlanke Figur bei, selbst wenn sie die erste Jugend längst hinter sich hat. Ein zwölf Jahre alter Baum wird in weiteren zwölf Jahren womöglich doppelt so hoch sein, seine Linie aber wird sich kaum verändert haben, und er wird nach wie vor von ganz unten bis ganz oben die schönsten und reichsten Blüten tragen.

Aus diesem Grund ist er so besonders wertvoll für Besitzer kleiner Gärten, die, obwohl der Platz, der ihnen zur Verfügung steht, so begrenzt ist, eine möglichst große Zahl verschiedener Bäume anpflanzen möchten, ohne dass das Ganze überfüllt aussieht.

Heutzutage unterscheidet sich die Planung eines Gartens nicht so sehr von der Planung einer Stadt. Da die Architekten keinen Platz mehr haben, um in die Breite zu bauen, müssen sie in die Höhe und die Himmel mit immer mehr Stockwerken aus Stahl und Beton erstürmen. Man kann sich nur wünschen, dass sie dabei auch nur einen Bruchteil der Anmut und Eleganz der 'Amanogawa' erreichen.

Postskriptum: Alle, die mit dieser Kostbarkeit nicht vertraut sind, meinen vielleicht, dass sie in den ersten Jahren aufwendig abgestützt werden muss. Sie können ganz beruhigt sein. Die Wurzeln reichen tief und wachsen sehr schnell, und die Zweige sind so biegsam und geschmeidig, dass der Baum den Winterstürmen nur sehr wenig Angriffsfläche bietet.

Prunus subhirtella 'Autumnalis'

Schneekirsche / Winterkirsche /
Japanische Blütenkirsche 'Autumnalis'
oder
Frühling im Winter

Das '*Autumnalis*' im Namen dieser Pflanze ist eigentlich eine Fehlbenennung, denn obwohl diese wackere, wundervolle kleine Kirsche tatsächlich im späten Oktober anfängt, uns zu erfreuen und ihre frühesten Blüten unverdrossen durch den Nebel schimmern lässt, erfolgt ihr Starauftritt im tiefsten Herzen des Winters. Dann, mitten im Januar, wenn sich die Sonne einmal für ein paar launige Stunden zeigt und Wind und Regen ein kleines Weilchen nachlassen, erscheint sie in ihrem frischen Rüschenkleidchen, ohne sich auch nur im Geringsten um die Kälte zu scheren – wie eine Ballerina, die sich so für ihre Rolle begeistert, dass es sie nicht stört, auf einer ungeheizten Bühne zu proben, und die viel zu konzentriert ist, um den kalten Luftzug aus den Seitenkulissen wahrzunehmen.

Wir können jedoch kein genaues Datum für den Auftritt unseres Stars angeben, sondern nur sagen – das allerdings mit Bestimmtheit –, dass in den fünf Monaten von November an *irgendetwas* geschehen wird.

Diese Unberechenbarkeit trägt zum Charme der Winterkirsche bei. Ich habe sie am Heiligabend so freigebig blühen sehen, dass man meinen konnte, der Frühling sei angebrochen. Eine Woche später sahen ihre Blüten so erbarmenswert schwarz aus, dass man dachte, für dieses Jahr sei es ein für alle Mal vorbei. Weit gefehlt. Mitte Januar setzte sie zur zweiten Blüte an, und es gibt Jahre, da blüht sie sogar ein drittes Mal.

Ich möchte Ihnen dringend raten, diesen Baum *in situ* zu kaufen und den Gärtnereien einen persönlichen Besuch abzustatten. Denn es gibt derart viele zarte Unterschiede im rosigen Weiß der Blüten unterschiedlicher Bäume (die Sorte *rosea* ist vielleicht die hübscheste). Das Gleiche gilt für den Wuchs der Zweige, die sich oft auf recht eigenartige Weise verdrehen, was Ihnen vielleicht gefällt, vielleicht aber auch nicht. Also gehen Sie selbst hin und sehen Sie sich die Bäume an. Ich bezweifle, dass Sie wieder gehen, ohne einen Kauf getätigt zu haben.

Pyrus salicifolia 'Pendula'

Weidenblättrige Birne
oder
Trauernde Schönheit

In meinem Garten wird eine Menge getrauert, aber es ist ein glückliches Trauern, denn dieses ganze Hängenlassen von Zweigen und Köpfen ist schlicht darauf zurückzuführen, dass so viel Schönheit auf einer so kleinen Bühne ausgestellt wird. Sehr wenige Besitzer kleiner Gärten scheinen zu erkennen, wie enorm die Zahl der Bäume, die sich dort unterbringen lassen, erhöht werden kann, indem man Sorten anpflanzt, die entweder von allein ›trauern‹ oder die wir mit ein wenig zarter Anleitung dazu bringen können, es zu tun.

Als wir anfingen, den Garten zu planen, wurde ein großer Teil der Fläche von einer uralten *Prunus* 'Kanzan' vereinnahmt, die verschwinden musste, weil die eine Hälfte krank und die andere Hälfte so zerhackt und zerstückelt war, dass sie wie eine Vogelscheuche aussah. Auf dem Platz, der bis dahin von diesem einen Baum monopolisiert worden war, haben wir nicht weniger als *vier* Bäume gepflanzt … einen Goldregen, einen Holzapfel, eine Kirsche und eine Weidenblättrige Birne, alle hängend. Wegen ihrer Wachstumsgewohnheiten werden sie noch jahrelang genügend Ellbogenfreiheit haben.

Von all diesen trauernden Bäumen ist die Birne vielleicht die hübscheste. Die Blätter sind wie reines Silber, von einem noch leuchtenderen Silber als dem der Silberpappel. Mehr noch, sie sind ganz und gar silbern, während man bei der Pappel auf einen windigen Tag warten muss, bevor sie die volle Schönheit ihrer Blattunterseiten offenbart. Die Blüten sind nicht ganz so groß wie gewöhnliche Birnenblüten, aber sie sind von einem reineren Weiß und haben den großen Vorteil, dass sie sich gleichzeitig mit den Blättern entfalten, so dass die beiden gemeinsam eine zarte Symphonie in Weiß und Silber aufführen.

Was die Trauergewohnheiten angeht, so sind sie über die Maßen anmutig. Wenn Sie Ihren jungen Baum kaufen, werden die Zweige gerade erst angefangen haben zu hängen, aber mit jedem Jahr werden sie sich dem Boden vierzig Zentimeter mehr zuneigen. Wenn sie ihn schließlich berühren, müssen Sie sie entweder sehr vorsichtig zurückschneiden, oder Sie lassen sie ganz nach Belieben eine Schleppe bilden. Das ist jedes Mal eine sehr quälende Entscheidung, und ich muss sagen, dass ich froh bin, dass sie mir noch mehrere Jahre erspart bleiben wird.

Ich sollte Sie noch warnen, dass die Früchte dieses bezaubernden Wesens ziemlich widerlich sind; wenn sie auch nur einmal daran knabbern, fühlen sich ihre Zähne noch Stunden später stumpf an. Daher leisten sie an Tagen, an denen der Garten für Besucher geöffnet ist, unverzichtbare Dienste als Geschenk für unbotmäßige Kinder.

Rembrandt-Tulpen
oder
Auf den Spuren des Meisters

Wieso Rembrandt alle Anerkennung für diese magischen Blumen zugestanden wird, die aussehen, als seien sie aus farbigem Marmor gemeißelt worden, habe ich nie verstanden. Die schönsten – was in diesem Fall heißt, die wirklichkeitsgetreuesten – Bilder von ihnen wurden von Jan Brueghel, auch Samtbrueghel genannt, gemalt. (Er erhielt den Beinamen nicht wegen der samtigen Qualität seiner Farben, sondern weil er immer einen Samtumhang trug.) Ambroise Bosschaert liebte und feierte sie ebenfalls und brachte sie mit derart unglaublicher Kunstfertigkeit auf die Leinwand, dass die Blütenblätter selbst nach fast vier Jahrhunderten immer noch wie taubenetzt wirken. Im gesamten sechzehnten und siebzehnten Jahrhundert zollten viele große Meister diesen Tulpen Anerkennung, die wir heute ganz genau so anpflanzen können, wie sie in den längst verschwundenen Gärten der Vergangenheit wuchsen. Es handelt sich um eine Blume, die sich – dem Himmel sei Dank – nicht weiterentwickelt hat, und ich bete darum, dass niemand je versucht, sie zu »verbessern«.

Tulpen sind so elegant und so lohnend, dass ich jedes Jahr auf der Chelsea Flower Show ein paar der Neuankömmlinge auf dem Markt kaufe, beispielsweise die spektakuläre 'Violet Queen', die Mormonentulpe, die von geradezu schamloser Üppigkeit ist. Die Rembrandts dagegen sind eine Dauerbestellung. Hundert Stück pro Jahr, um die alten Zwiebeln zu ersetzen, die allmählich verblassen oder vergehen.

Ich denke, ich habe einen wirklich guten Platz für sie gefunden. Im Garten gibt es ein langgestrecktes Beet mit Wucherblumen, die natürlich mehrjährig sind, und wir setzen die Rembrandts in dichten Büscheln zwischen sie. Im Frühling wirkt das Laub der Wucherblumen als eine Art natürliches Spalier für die Tulpen, so dass sie selbst in den heftigsten Aprilschauern ihre Standfestigkeit bewahren. Wenn es mit den Tulpen zu Ende geht und sie eben anfangen zu verblassen, beginnen die Blüten der Wucherblumen sich zu öffnen – erst ganz schüchtern, als schämten sie sich ein wenig, in die Fußstapfen dieser Aristokraten zu treten. Aber bald schon werden sie mutiger und kühner, und dann schneiden wir die Köpfe der Rembrandts ab, deren vergilbende Blätter sich harmonisch in das Laub ihrer Nachfolger einbetten.

Rhododendron 'Lady Chamberlain'

oder
Glockenspiel in Korallenrot

Leute, die sich mit Rhododendren überhaupt nicht auskennen – viele Jahre lang zählte ich zu ihnen –, sind immer überrascht, wenn sie zum ersten Mal welche sehen, deren Blüten glockenförmig sind. Sie waren immer der Meinung, alle Rhododendren hätten offene Blüten, wie der violette *Rhododendron ponticum* in den Wäldern, in denen sie als Kinder spielten, oder wie die rosablühende 'Pink Pearl' im Pfarrgarten. Die glockenförmigen Blüten der 'Lady Chamberlain', so zart gemeißelt, mit den so bescheiden gesenkten Köpfen, können doch nie im Leben zur selben Familie gehören, oder?

Aber die Rhododendren sind eine weitverzweigte Adelssippe, die es in ebenso vielen Formen, Größen und Farben gibt wie Habsburger oder Hohenzollern. Und von allen Gewändern, in die sie sich kleiden, ist das Glockenförmige vielleicht das schönste. Das gilt ganz besonders für die 'Lady Chamberlain', deren Blüten aussehen, als seien sie von einem überragenden Künstler aus dem alten China aus Korallen geschnitzt worden.

An dieser Stelle muss ich kurz überlegen. Ist Koralle wirklich richtig? Farben sind eine heikle Angelegenheit. Anscheinend sehen zwei Personen nie wirklich genau denselben Farbton. Einmal, als sich zwei Frauen über meine 'Lady Chamberlain' beugten, hörte ich sehr eigenwillige Definitionen, wie zum Beispiel »Terrakotta bei Sonnenuntergang«. Das war immerhin besser als die Bezeichnung ihrer Begleiterin, die antwortete: »Ich finde, es ist ganz normales Tomatenrot.« Spielt es wirklich eine Rolle? Koralle, Tomate, Terrakotta – ob mit oder ohne Sonnenuntergang –, die Farbe ist subtil, leuchtend und vielschichtig.

Die Schönheit der Farbe wird auf zarte Weise durch die Blätter erhöht, die genau denselben bläulichen Schimmer haben, den man manchmal auf Bildern von Monet sieht – ein sehr helles Blau, mit Silber durchschossen, aufgetragen, als sei es eine Art Übermalung der jadegrünen Oberfläche der Blätter. Das macht die 'Lady Chamberlain' zu einer noch kostbareren Bereicherung des Gartens, denn sogar im tiefsten Winter lässt das Laub selbst die dunkelste Ecke aufleuchten.

Der Ausdruck »dunkelste Ecke« wurde mit Bedacht gewählt. Denn obwohl die anmutige Pflanzendame den bittersten Frösten standhält, mit denen man in diesem Land rechnen muss, mag sie ihren Teint nicht der vollen Sonne aussetzen, und sie hasst Wind. Aber wenn Sie sie einmal gesehen haben, werden Sie Ihr Menschenmöglichstes tun, ihr das Ambiente zu bieten, auf das sie ihrer Schönheit und Herkunft wegen jedes Anrecht hat.

Rosa gallica 'Versicolor'

Essigrose 'Versicolor'
oder
Wie von Boucher gemalt

Ich bin nicht wirklich der Richtige, um über Rosen zu reden, und zwar aus dem einfachen Grund, dass sie mich an eine Kindheit erinnern, die sich vor einem tragischen Hintergrund abspielte. Bis zu diesem Tag kann ich manche Rosen nicht sehen, ohne von einem Gefühl der Verzweiflung erfüllt zu werden, so als sei ein dunkler Schatten über meinen Weg gefallen.

Aber es gibt auch Rosen, die in unserem traurigen, fluchbeladenen Garten nicht vorkamen – Rosen, deren Bekanntschaft ich erst machte, als ich zum Mann herangewachsen war. Und weil sie nicht mit bitteren Erinnerungen verbunden sind, kann ich sie mit klarerem Blick betrachten, sie wegen ihrer charakteristischen Schönheit schätzen und erkennen, was mir alles entgangen ist.

Unter diesen sprechen mich die alten Rosen am

meisten an. Insbesondere die *Rosa gallica* 'Versicolor', die Sie vielleicht auch als *'Rosa Mundi'* oder als 'Fair Rosamund' kennen, erinnert an eine gestreifte Seide aus der Regency-Zeit, und von allen alten Rosen hat sie ihre Streifen am schönsten bewahrt – ein blasses Rosa auf einem Hintergrund aus hellem Karmesin. Es ist eine wackere Blume, die sich gern in Szene setzt und deren Wurzeln weit in die Geschichte hineinreichen, eine Blume, bei der man sich gut vorstellen kann, dass ein Soldat sie an seinem Helm befestigte, bevor er in die Schlacht ritt.

Die 'Belle de Crécy', eine weitere *gallica*, ist im Gegensatz dazu weder wacker, noch setzt sie sich in Szene, sondern gibt sich überaus züchtig feminin. Vielleicht ist sie überhaupt die femininste aller Blumen – was durchaus passt, da sie ursprünglich in den Gärten von Madame Pompadour gezüchtet wurde. Hätte Boucher je eine imaginäre Rose geschaffen, um seine Idealvorstellung von Perfektion zu befriedigen, hätte er wahrscheinlich genau diese Blume ersonnen – in einem blassen Rosa, das einem das Gefühl vermittelt, Tau liege auf den Blüten, und in der Sonne ganz leicht mit Mauve überhaucht.

Sollten Sie zur rapide wachsenden Zahl jener

Gärtner gehören, die sich zu den altmodischen Rosen hingezogen fühlen, denken Sie bitte an zwei Dinge, bevor Sie größere Summen in sie investieren. Erstens haben sie eine nur kurze Blühzeit, im Höchstfall sechs Wochen, von Juni bis Mitte Juli, und nie gibt es auch nur das kleinste Anzeichen einer zweiten Blüte. Zweitens neigen sie zur Struppigkeit, weswegen es eher problematisch ist, sie in einen formalen Bereich des Gartens zu pflanzen. Aber sie sind so einzigartig schön, dass ich trotz der anfangs genannten psychologischen Komplexe nicht ohne sie sein möchte.

Polygonatum odoratum

Echtes Salomonssiegel
oder
Schattengeist

Sollte ich mich je an einer Gespenstergeschichte
versuchen und dabei feststellen, dass die Hand-
lung in einen Spuk-Garten führt, gäbe es Blumen,
die unbedingt ›drin‹ wären, während andere draußen bleiben müssten. Jedes Gespenst, das auch
nur das kleinste bisschen Selbstachtung besitzt,
empfände es als Zumutung, würden wir von ihm
verlangen, uns vor einem Hintergrund aus grellrosa Stockrosen zum Gruseln zu bringen, und
selbst der zuvorkommendste Poltergeist wäre
leise pikiert, versetzten wir ihn in die solide Normalität eines vorstädtischen Lobelienbeets.

Andere Blumen aber haben etwas Unheimliches
an sich, so als seien ihre Blüten aus einer Art flora-
lem Ektoplasma gebildet worden. Unter ihnen
könnten die Christrosen einen Ehrenplatz einnehmen, vor allem, wenn die Blüten ihre beste Zeit

hinter sich haben, denn dann legen sie sich oft eine fahle, grünliche Blässe zu, die man mit den Gesichtern assoziiert, die vor den dunklen Vorhängen einer spiritistischen Séance schweben – oder zu schweben scheinen. Der Schauer, den sie uns über den Rücken jagen, wird noch eisiger, wenn wir wissen, dass ein tödliches Gift in ihren Wurzeln lauert.

Aber das Salomonssiegel ist ihnen, wie ich finde, in Sachen Unheimlichkeit dicht auf den Fersen, vielleicht weil seine Wuchsgewohnheiten und seine Form etwas so seltsam Verstohlenes haben. Die blassen Blüten werden fast von den Blättern verdeckt, so als scheuten sie jede Betrachtung. Was sie auf jeden Fall scheuen, ist das Licht der Sonne. Wenn Sie sie an einen sonnigen Platz setzen, verkümmern die Blätter und die Blüten lassen sich wahrscheinlich überhaupt nicht blicken.

Im Schatten dagegen kommen sie zu ihrem Recht; und falls Sie sie je bei Mondschein gesehen haben, so wie ich, in einem Wald in Wales, wo sie wild wuchsen und sich im Flüsterton mit den Maiglöckchen unterhielten, waren Sie sicher auch überzeugt, dass sich Hexen in der Nähe aufhielten und auf jeden Fall *irgendetwas* geschehen würde, bevor die Nacht vorbei war.

Allmählich zieht dieses zurückhaltende, elegante Geschöpf, wie ich zu meinem Bedauern konstatieren muss, die Aufmerksamkeit weiblicher Blumenarrangeure auf sich, die versuchen, es in Haltungen hineinzuzwingen, für die es nicht geschaffen wurde. Man kann nur hoffen, dass es sie mit einem Fluch belegen wird.

Sternbergia lutea

Herbstgoldbecher
oder
Herbstgold

Selbst wenn sie im Frühling blühen würde, Seite an Seite mit den Krokussen, die sie an Leuchtkraft übertrifft, würde man die *Sternbergia* lieben. Aber wenn man bedenkt, dass sie erst in Erscheinung tritt, wenn die Party so gut wie vorbei ist, angetan mit einem goldenen Gewand, das intensiver leuchtet als alles, was den Tanz der Blumen durch das Jahr hindurch schmückte, ist sie eine Blume, über die man nur staunen kann. In meinem Garten schimmern ganze Büschel des Herbstgolds, auch Goldkrokus oder Winternarzisse genannt, wie Tümpel aus Sonnenlicht, und das, wenn die Blätter des Kalenders schon den Dezember anzeigen.

Aber leider Gottes hat die Pflanze den Ruf, »schwierig« zu sein. Das heißt nicht, dass sie zu denen gehört, die ausschließlich bei sehr reichen

Zauberkünstlern gedeihen, die in abgelegenen Schlössern irgendwo in den Tälern Cornwalls leben. Zugegeben, sie verlangt ein Maximum an Sonne, aber Wärme scheint ihr nicht so besonders wichtig zu sein. Selbst zehn Meilen nördlich von Glasgow kann man sie fröhlich vor sich hinblühen sehen. Allerdings ist sie sehr eigen, wenn es darum geht, verpflanzt zu werden. Mehr als jede andere Blume, möglicherweise mit Ausnahme der Pfingstrose, hasst sie jeden Ortswechsel.

Wieso dann der Ruf, schwierig zu sein? Größtenteils, denke ich, weil die meisten Leute nicht wissen, wie sie sie behandeln müssen. Ich wusste es auch nicht, bis der Zufall mich eines Oktobers auf die verzauberte Insel Korfu führte, wo die Sternbergia die Hügel mit einem Mantel aus Gold überzog, leuchtender als jede Butterblumenwiese.

Dort entdeckte ich das Geheimnis, das in dem Wort »Hügel« steckt. Immer nur auf Hügeln waren sie zu sehen, nie im Tal, und je steiler der Hügel, desto großartiger das Schauspiel. Sobald die Blütenlawinen ebenes Gelände erreichten, versickerten sie zu einem Rinnsal und versiegten schließlich völlig. Kurz gesagt lautet eine lebenswichtige Forderung dieser romantischen Pflanze: keine Staunässe. Absolut – keine – Staunässe. Als

Beweis dafür sah ich sogar Büschel aus Mauerritzen wachsen, so glücklich wie jedes Mauerblümchen.

Falls Sie bereits ohne Erfolg versucht haben, die Sternbergia bei sich heimisch zu machen, werden diese Ausführungen Sie vielleicht dazu bringen, es noch einmal zu versuchen.

Übrigens wünschte ich, irgendjemand würde mir erklären, wieso sie gemeinhin auch als ›Winternarzisse‹ bezeichnet wird. Ich jedenfalls, kann mir kaum etwas weniger ›Narzissiges‹ vorstellen.

Inhalt

Beverley Nichols
Grünes Glück
Geschichte eines Gartens
Aus dem Englischen von Brigitte Walitzek
Farbig bedrucktes Feinleinen
Einbandmotiv von Marion Nickig
Hochwertige Ausstattung
192 Seiten. Gebunden
ISBN 978-3-89561-595-5

»Dieses Buch war ein strahlender
Bestseller und erscheint nun in einer
handgroßen Ausgabe in einer Gartenreihe
des Schöffling-Verlages, der insgesamt
heftigst zuzuraten ist.«
Susanne Mayer, DIE ZEIT

Schöffling & Co.

Elsemarie Maletzke
Giftiges Grün
Ein Gartenkrimi
Farbig bedrucktes Feinleinen
Einbandmotiv von Marion Nickig
Hochwertige Ausstattung
208 Seiten. Gebunden
ISBN 978-3-89561-598-6

Elsemarie Maletzke
Gartenglück
Mit zahlreichen Vignetten
Farbig bedrucktes Feinleinen
Einbandmotiv von Marion Nickig
Hochwertige Ausstattung
160 Seiten. Gebunden
ISBN 978-3-89561-590-0

»Ideal zum Verschenken oder
zum Selberlesen in Mußestunden.«
Mein schöner Garten

Schöffling & Co.

Paula Almqvist
Mitteilungen aus meinem Garten
Die Kolumnen aus BRIGITTE WOMAN
Farbig bedrucktes Feinleinen
Einbandmotiv von Marion Nickig
Hochwertige Ausstattung
168 Seiten. Gebunden
ISBN 978-3-89561-593-1

»Es wurde höchste Zeit, dass es
die Kolumnen von Paula Almqvist
nun auch als Büchlein gibt, kostbar in
Leinen gebunden und mit einem seidenen
Lesebändchen versehen.«
Gartenwelt.Natur

Schöffling & Co.

Paula Almqvist
Was mir blüht
Farbig bedrucktes Feinleinen
Einbandmotiv von Marion Nickig
Hochwertige Ausstattung
176 Seiten. Gebunden
ISBN 978-3-89561-596-2

»Kaum jemand schreibt so unterhaltsam über
Gartenglück und -leid wie Paula Almqvist.«
BLOOM'S

Schöffling & Co.